골프
이렇게 시작한다

김정하 지음

목차

서문 골프는 인간의 원시 본능을 자극하는 스포츠다. 4
2016년 브라질 리우올림픽에서 우리나라 여자 골프가..... 8

제Ⅰ장 골프의 기초   12
   1. 골프란 무엇인가?   12
   2. 골프!!!!! 어떻게 배울 것인가?   14
   3. 골프 어디서 시작 할 것인가?   15
   4. 나의 골프 프로는?   16
   5. 처음 골프를 배우는 사람들이 싫어하는 프로는?   18
   6. 골프를 어떻게 잘 칠 것인가?   19
   7. 초보 골프배우기 입문 5계명   19

제Ⅱ장 클럽의 종류   24
   1. 우드   24
   2. 아이언   26
   3. 웨지(Wedge)   37
   4. 클럽의 선택   40
   5. 퍼터   41
   6. 골프 볼   47

제Ⅲ장 스윙을 어떻게 할 것인가?   58
   1. 그립   58
   2. 어드레스 및 셋업   62
   3. 진자의 원리   70
   4. 스윙(Swing)   70
   5. 어프로치(Approach)   105
   6. 퍼트   117

제Ⅳ장 필드에 나가기 전   134
   1. 골프 입문...   134
   2. 라운드에 꼭 필요한 용품   137
   3. 라운드가 시작 되었다....지금부터 무슨 일이...벌어질까?   141
   4. 페어웨이에서는 누가 먼저 칠 것인가?   143
   5. 그린에서는 어떻게 해야 하나?   143
   6. 그린에서 꼭 지켜야 할 것 들   144
   7. 실력 향상을 위한 기본, 루틴 샷의 중요성   145

제Ⅴ장 용어   152
   1. 일반적으로 쓰이는 잘못 된 용어   152
   2. 볼 구질에 대한 용어   157
   3. 코스에 대한 용어   158
   4. 골프 스코어에 대하여 용어   160
   5. 골프장에서 자주 쓰는 골프용어 50개   162
   6. 골프의 코스   167

제Ⅵ장 부록   178
   1. 골프의 역사   178
   2. 한국 골프의 역사   179
   3. 캐디   187
   4. 골프 용어 대사전   189
   5. 골프 주기도문   215
   6. 캐디 주기도문   216
   7. 골프와 세금의 공통점   216
   8. 골퍼를 위한 기도문   217
   9. 長考(장고) 끝에 惡手(악수)   219
   10. 골프란?   221

서문

골프는
인간의 원시 본능을 자극하는 스포츠다.

　푸른 하늘, 푸른 숲, 페어웨이라 부르는 넓은 초원에 서면 누구라도 먼저 가슴이 설레는 흥분을 맛본다.
　그것은 태고의 초원을 발가벗고 뛰어다니던 멀고 먼 원시의 기억들이 아직도 우리들 DNA 속에 여전히 저장되어 있기 때문일 것이다.
　하지만 골프의 매력은 단지 경기장에만 있지는 않다. 골프는 인간이 만든 스포츠 중에서 가장 넓은 경기장에서 가장 작은 볼로 가장 멀리 보내서 가장 작은 구멍에 그 볼을 넣어야 하는 가장 불확실한 게임이다. 골프는 세계최고의 프로 선수도 평생 같은 자리에 볼을 떨어뜨릴 확률은 거의 제로다. 마치 우리들의 일생에서 매일매일 같은 날이 없듯이 골프볼은 두 번다시 같은 자리에 떨어지지 않는다.
　그러나 우리 인생에서 언제나 역전의 기회가 있듯이 골프 역시 언제든지 최고의 샷이 나올 수 있다. 물론 가끔은 로또 당첨 같은 대단한 행운의 샷도 함께 한다.
　골프는 우리의 삶과 같다. 골프투어에 참가한 모든 선수들은 중간 성적이 나쁘면 시합 중에 탈락된다. 이것을 〈컷오프〉라고 한다. 우리들 삶에도 수많은 〈컷오프〉가 있다. 입시가 그렇고 취직시험이 그렇고 결혼이 그렇듯이 우리들이 살아가는 매일 매일에서 수많은 탈락의 고배를 마신다. 하지만 그 고난이 우리를 성장하게 만든다.

〈컷오프〉는 끝이 아니라 다른 시작을 의미한다. 골프경기에서의 〈컷오프〉도 그 선수의 끝이 아니라 거듭나는 과정이다 그러나 많은 선수들이 이 〈컷오프〉에서 사라지는 것도 사실이다.

〈컷오프〉는 우리를 강하게도 , 좌절하게도 만든다. (2007, 이현세, 버디)

인간이 본능적으로 가장 좋아하고 편안하게 느끼는 색은 녹색이다.

아마 그것은 수백 만 년 전부터 인간의 유전자가 보아온 세상의 색깔이었을 것이다.

짙고 푸르른 그 녹음의 유혹이 만들어낸 스포츠⋯⋯골프.

1970년 월간 사상계 5월호에 실린 김지하 시인이 오적(伍賊)에서 묘사 했듯이 우리에게 골프는 부패의 상징이요, 권력 있고 돈 많은 이들이 즐기는 오락이요, 캐디를 노리개로 삼아 하루를 즐기는 취미 그 이상도 이하도 아니었다.

오적(伍賊)내용 중

"이렇게 뜻을 모아 도(盜)짜 한자 크게 써 걸어놓고 도둑시합을 벌이는데때는 양춘가절(陽春佳節)이라 날씨는 화창, 바람은 건듯, 구름은 둥실저마다 골프채 하나씩 비껴들고 꼰아 잡고 행여 질세라 다투어 내달아 비전(祕傳)의 신기(神技)를 자랑해 쌌는다."라고 하며 골프를 부패의 상징으로 봐왔다.

그 오적으로부터 45여년의 세월이 다 되어가건만 접대와 향응, 밀실 사교의 확장판으로서의 골프는 부패한 상부 권력층이 뱉어내는 배설 도구의 이미지로 아직도 우리의 뇌리 속에 남아있다. 또한 한 때는 이것이 사실이었던 적도 있었다.

아직도 공무원들은 골프를 맘대로 하지 못한다. 어쩌다 친구들과 갈라치면 아들 이름도 모자라 외국이름까지 등장한다.

이렇게 되기까지 많은 사연과 말하지 못하는 그 무엇도 있었겠지⋯.

그러던 우리에게 두 번 다시 볼 수 없을 영웅이 나타났다.

그 이름은 박세리⋯⋯

고등학교 시절부터 국내 아마추어 및 프로 대회를 휩쓸고 삼성그룹의 지원을 받아 미국으로 건너간 박세리는 1997년 데뷔 첫 해.

낙타가 바늘구멍 통과하기 보다 더 어렵다는 프로테스트인 퀄리파잉 스쿨(Qualifying School) 일명 Q 스쿨을 1등으로 통과 하더니 그 다음해 메이저 대회인 LPGA 맥도널드 챔피언쉽 대회 첫 승을 시작으로 메이저 최고의 권위인 US오픈까지 석권하면서 IMF로 온 국민이 실의에 빠져 있을 때 국민을 열광시키고 우리나라를 다시 일으켜 세운 것이 바로 골프요 박세리인 것이다.

박세리를 시작으로 김미현, 한희원, 장정, 박지은, 강수연 등으로 이어온 LPGA는 이제 한국인의 피를 이어받은 세리 키즈들이 주름잡고 있는 것이다. 그 이름 하나 하나 옮기기에는 너무 많은 선수들이 있다.(2007, 이현세, 버디)

박인비, 신지애, 최나연, 박희영, 양희영, 유소연 등을 비롯하여 최근에는 20대 초반 선수들인 김효주, 김세영, 전인지, 장하나 백규정 등이 대거 세계랭킹에 진입하고 있다. 또 외국 국적의 한국인인 미쉘 위, 리디아 고, 등도 매 대회마다 Top 10에 들고 있다.

2017년 1월 2일(LPGA ROLEX 세계랭킹) 현재 LPGA Top 10에 5명(3위 전인지, 6위 김세영, 7위 장하나, 9위 유소연, 10위 박성현), 11위 박인비, 12위 양희영, 15위 이보미 등 20위 내에 8명이 있다. 100위내 40명, 500위 내 157명이 국내 선수이다. 박인비는 2016년 6월까지 세계 3위였으나 부상으로 2016년 하반기 대회출전을 못해 11위로 밀려났다.

2015년 7월 13일 새벽. 70년의 역사를 자랑하며 미국의 가장 권위 있는 LPGA 대회인 US Open 대회에서 21세의 전인지가 우승, 양희영이 2위, 박인비가 공동 3위를 차지했다.

세계 골프계에서는 이러한 현상을 Korean Run이라고 한다.

과연 Korean Run의 비결은 무엇인가? 하나하나 다 열거하기는 어렵겠지만 크게 3가지로 설명한다.

첫째는 가족의 헌신이다.

골프 프로가 되기까지 8~10억 정도의 비용이 투자 된다. 웬만한 중산층이라도 투자하기에 망설여지는 액수이다. 그러나 대한민국 부모는 딸의 골프에 올인 했다. "무릎팍 도사" 프로그램에서 신지애는 "교통사고로 숨진 어머니의 보상금으로 골프를 해서 성공했다."고 털어났다.

둘째는 대기업의 후원이다.

박세리도 삼성에서 과감한 투자가 없었다면 LPGA로 가지 못했을 것이다. 그 후 계속되는 대기업의 후원이 많은 프로들을 만들어 낸 것이다.

셋째는 산악지형인 한국 골프장에서 어릴 때부터 많은 단련이 되었다.

한국의 골프장은 대부분 산악지형이다 보니 좁고 긴 형태의 골프장이다. 어릴 때부터 이런 환경에서 연습을 많이 하고 경기를 해서 정교한 샷을 구사할 수 있는 능력이 있는 것이다.

그 외에도 어린 초등학생 때부터 많은 선수들 사이에 치열한 경쟁 속에서 흔들림 없는 멘탈이 형성되었다.

그러나 그 이면에는 이러한 이유들이 조기에 선수 생활을 그만 두게 하는 안타까운 현실도 있는 것이다.

전인지 캐디가 밝힌 한국여자골프 강세 이유

출처 | 한국일보 | 입력 2015.07.29 17:19

[한국스포츠경제 박종민] 지난 13일(2015. 7. 13 한국시간) 끝난 미국여자프로골프(LPGA) 투어 메이저대회 US여자오픈 때 전인지(21·하이트 진로)와 호흡을 맞춘 호주 출신 베테랑 캐디 딘 하든이 한국여자골프가 승승장구하는 비결을 분석했다.

미국 골프 채널이 29일 보도한 바에 따르면 하든은 "한국여자골퍼들의 근면성실함, 부모의 든든한 지원, 한국여자프로골프(KLPGA) 투어의 훌륭한 체계가 한국여자골프를 강하게 만들었다"고 짚었다. 특히 그는 "점프투어(3부)와 드림투어(2부), KLPGA 1부 투어가 완벽한 짜임새를 갖추고 있다"고 강조했다. 이러한 시스템들이 선수 발굴이나 육성에 큰 도움이 됐다는 게 그의 생각이다.

하든은 누구보다 한국여자골프에 대해 잘 알고 있다. 그는 전인지 뿐 아니라 앞서 신지애, 유소연, 서희경, 장하나의 가방을 멨다. 유능한 한국여자골퍼들을 가장 가까이에서 지켜봤기 때문에 그의 말은 설득력이 있어 보인다.

하든의 인터뷰를 실은 30년 경력의 베테랑 골프전문 칼럼니스트 렌달 멜은 기사의 제목을 "한국여자골퍼들이 LPGA 투어를 지배하고 있다"고 잡았다. 서두에서 세계랭킹 1위 박인비(27·KB금융그룹)의 위대함을 언급한 그는 이후 전인지와 김효주(20·롯데) 등 한국여자골프의 '젊은 피'들에 주목했다.

전인지에 대해선 "LPGA 투어에 공식 진출하기 전에 이미 메이저대회에서 우승했다"며 "US여자오픈 우승 전까지만 해도 미국 골프팬들에겐 생소한 이름이었다. 하지만 한국에서는 유명한 골프스타였다"고 소개했다. 김효주를 두고는 "처음 출전한 LPGA 투어 메이저대회(2014 에비앙 챔피언십)에서 우승한 선수다. 당시 19세였던 그는 1라운드에서 남녀를 통틀어 역대 메이저대회 최소타 신기록(10언더파 61타)를 수립하기도 했다"고 전했다. 멜은 '(박)세리 키즈' 박인비를 필두로 한 한국여자골프의 강세가 당분간 지속될 것이라고 전망했다.

2016년 브라질 리우올림픽에서
우리나라 여자 골프가.....

박인비가 116년 만에 부활한 올림픽(여자는 116년, 남자는 112년) 여자골프에서 금메달을 획득하며 다시 한 번 한국여자골프가 세계 최강임을 입증했다. 골프계에 몸담고 있는 사람으로서 어느 누구보다 반갑고 기쁘지 않을 수 없다.

사실 박인비는 이번 리우올림픽에 출전하면서 많은 우려를 사기도 했다. 시즌 초부터 부상으로 부진을 거듭하며 세계랭킹에서도 추락을 거듭했기 때문이다. 물론 랭킹만큼은 여전히 한국 선수 가운데 가장 높은 4위를 유지했지만, 하락세에 있는 만큼 다른 선수에게 국가대표 자격을 양보하는 것이 좋지 않겠냐는 여론도 상당했다.

그런 악조건 속에서 출전을 강행한 박인비의 마음이 어땠을지는 상상이 가고도 남는다. 그럼에도 불구하고 그는 모든 우려를 덮어버리고 정상에 올라 "역시 박인비"라는 찬사를 받았다. 이번 브라질 리우올림픽에서 가장 극적인 드라마라고 해도 과언이 아닐 것이다.

2016년 8월 18~21일 치러진 여자부는 대회 전 부터 금메달 가능성이 높게 점쳐졌다. 경쟁국에서도 우리나라 대표팀을 세계 최강으로 평가했다. 그리고 우리나라는 압도적인 기량을 선보인 박인비가 금메달을 목에 걸었다.

박인비는 최종합계 16언더파로 은메달 리디아 고(뉴질랜드)에 5타 차 승리를 거뒀다. 동메달은 10언더파를 기록한 펑산산(중국)이 차지했다. 박인비가 금메달을 차지했지만 나머지 선수의 성적이 아쉬웠다.

양희영(27, PNS창호)이 9언더파 공동 4위, 전인지(22, 하이트진로)가 5언더파 13위, 김세영(23, 미래에셋)이 1언더파 공동 25위였다. 박세리 감독은 "박인비의 금메달 획득은 우리

국민에게 큰 기쁨"이라며 "이 멤버 그대로 2020년 도쿄올림픽에서도 금메달을 획득하고 싶다"고 말했다.

박인비는 이번 올림픽 우승으로 전인미답의 기록을 수립했다. 이른바 '골든 커리어 그랜드 슬램'이다. 이미 여자골프 투어에서 모든 메이저 대회를 휩쓸어 '커리어 그랜드슬램'을 달성했던 그가 올림픽 금메달마저 차지하는 바람에 새롭게 탄생한 용어다.

전 세계 남녀 골프를 통틀어 최초의 위업이다. 어쩌면 앞으로 다시는 탄생할 수 없는 대기록으로 남을 가능성도 배제할 수 없다. 이번 기록은 골프가 116년 만에 다시 올림픽에 등장함으로써 달성할 기회가 생긴 것이다. 그리고 그는 그 기회를 놓치지 않았다. 기회가 왔을 때 놓치지 않는 집념이 한국인의 국민성을 대변하는 것 같아 자긍심마저 느껴진다. 무엇보다 그의 골든 커리어 그랜드 슬램 달성으로 한국 골프의 위상은 한 단계 더 높아질 것이다. 대중화에도 박차가 가해질 것으로 기대한다.

박인비의 값진 금메달로 한국골프는 다시 한 번 희망을 갖게 됐다.

1998년 IMF 당시 박세리가 US오픈에서 우승했던 것에 견줄 수 있다. 당시 박세리의 우승은 국민들의 희망이 됐다. 또 박인비 등 오늘날 세계 여자골프 무대를 휩쓸고 있는 '세리키즈'를 탄생시켰다.

박인비의 금메달 획득으로 골프에 대한 부정적인 인식 개선과 함께 정부 정책의 변화도 기대해 본다. '세리키즈'에 이은 '인비키즈' 출현 등 골프인구 저변도 확산 될 전망이다.

전국 골프장이 2016년 들어 500여개인 대한민국이 10~15년 만에 15,000여개의 골프클럽을 가지고 있는 미국을 앞지른 것이다. LPGA에서는 온갖 이유로 한국 선수들에게 불이익을 주지만 이에 굴하지 않고 잘 견뎌내고 있는 것이다.

한국인의, 한국적인 그 무엇이 아니면 설명할 수 없는 부분이다.

스포츠의 힘이다.

열정과 노력, 인내와 희생의 승리다.

아무리 부패한 귀족 측의 유산으로 전락 시키려 해도, 그 원시 인간 그대로의 에너지로 우리들 혈관 속에 살아있는 골프의 순기능이 대답하고 있는 것이다.

골프는...........스포츠다...

골프, 이렇게 시작한다.

GOLF

제 Ⅰ 장

골프의 기초

Ⅰ 골프의 기초

1. 골프란 무엇인가?

많은 골프 관련 교재들이 골프를 의미하는 영어단어를 가지고 이렇게 표현들을 많이 했다.

GOLF 란? G = Green, O = Oxygen, L = Light, F = Foot

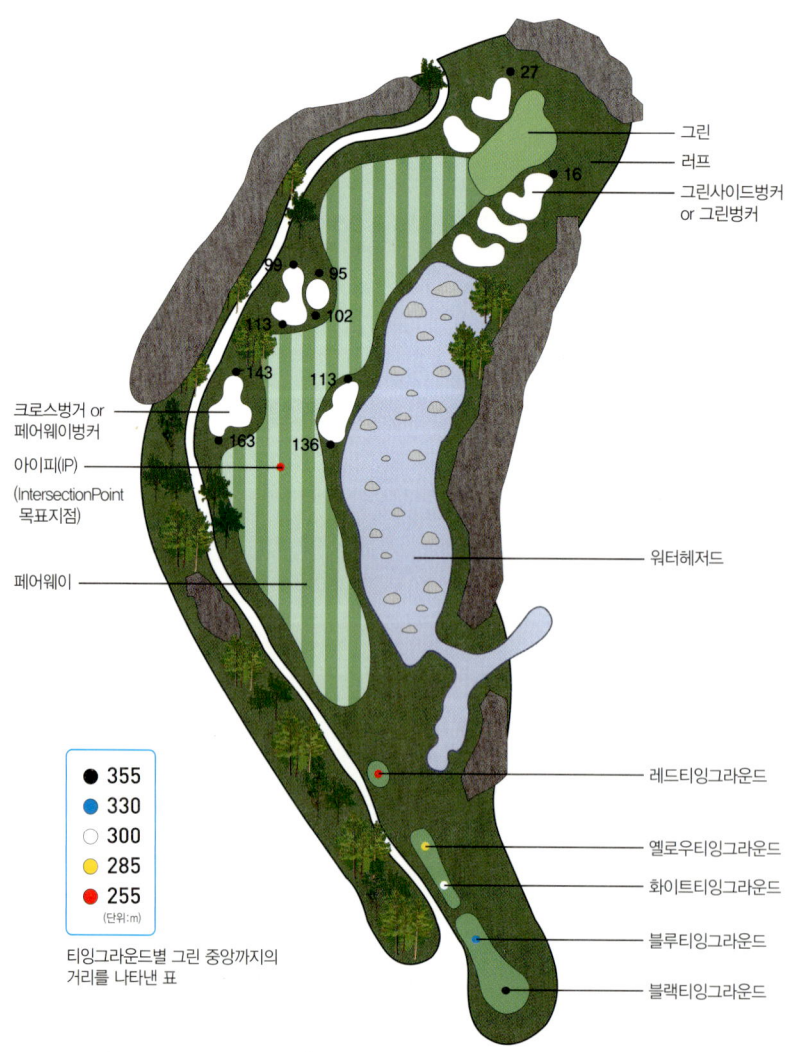

티잉그라운드별 그린 중앙까지의 거리를 나타낸 표

푸른 잔디 위에서 맑은 산소와 햇빛을 받으면서 걸어 다니는 운동을 골프라고 한다. 하지만 이런 의미로 골프라는 단어가 만들어 진건 아닐 것이다. 그러나 실제로 골프를 즐기다 보면 이 의미가 딱 맞는 것이다.

10.8㎝의 작은 구멍(홀)에 4.3㎝ 정도의 조그마한 볼을 14개의 채를 사용해서 산 넘고 들을 지나고 물을 건너가면서 18개의 구멍(홀)에 모두 넣으면 끝나는 경기로 적은 타수로 끝마친 사람이 이기는 경기이다. 홀은 18개로 구성되어 있으며 어떤 홀은 다섯 번(Par 5)에 쳐서 넣기도 하고 어떤 홀은 네 번(Par 4)에 쳐서 넣기도 하고 또한 어떤 홀은 세 번(Par 3)에 쳐서 넣기도 한다. Par 5홀이 4개 Par 4홀이 10개, Par 3홀이 4개 모두 합해 18개 홀을 TOTAL 72번 쳐서 넣는 것이 기본이다. 한 홀에 기준타수에 넣으면 파(Par)라고 한다. 기준타수를 계산할 때 각 홀마다 2번의 Putting을 기본으로 한다.

즉, 파 3홀은 한 번에 쳐서 그린에 올린 다음 Two Putting을 해서 홀에 넣으면 파가 되고, 파 4홀은 2번에 쳐서 그린에 올리고 Two Putting 을 기준으로 하여 파가 되며, 파 5 홀은 3번에 쳐서 올리고 Two Putting 하면 파가 된다.

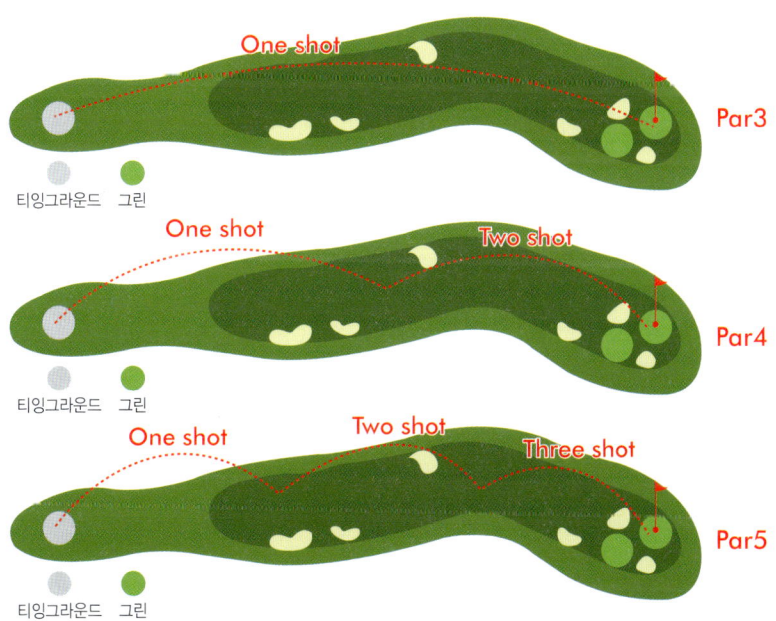

- 파 3 홀 : one shot hole 의 기준타수(파3)는 그린에 1타로 올리고 2 퍼트로 홀아웃
- 파 4 홀 : two shot hole 의 기준타수(파4)는 그린에 2타로 올리고 2 퍼트로 홀아웃
- 파 5 홀 : three shot hole 의 기준타수(파5)는 그린에 3타로 올리고 2 퍼트로 홀아웃

18홀이 전체 면적은 약 1,000,000㎡(30~32만평) 이상이 소요되며 18홀을 전체 도는 거리는 대개 6~7㎞로 되어 있다.

이렇게 하여 Par5 4개, Par4 10개, Par3 4개 모두 18홀을 돌면서 Shot이 36개, Puttin이 36개 합쳐서 72개가 되고 Even이라고 한다. 또한 기준 타수 72타 보다 적게 치는 것을 Under라고 하고 많이 치는 것을 Over라 한다. 즉, 각 홀마다 몇 개씩 기준타수보다 적게 쳤는지, 혹은 많이 쳤는지에 의해 등수가 결정되는 것이다. TV 중계에 나오는 시합에서 첫날 -3(69타) 둘째 날 -2(70타) 셋째 날 -4(68타) 넷째 날 0(72타) 그러면 TOTAL 279타 (-9)9 Under 이다. (총타수는 72 X 4=288타) 이렇게 보면 GOLF를 모르는 사람도 알 수 있는 간단한 방법일 것이다.

홀별 규정된 거리

구 분	여 성	남 성
par 3	192m(210 야드)이하	228m(250 야드)이하
par 4	193~366m(211~400 야드)	229~430m(251~470 야드)
par 5	367~539m(401~590 야드)	431~630m(471~690 야드)
par 6	540m(590 야드)이상	630m(690 야드)이상

• par 6는 프로 대회에는 거의 없지만 로컬룰로 사용하는 골프장도 있음.
 – 파인밸리 골프장(강원도 삼척)은 밸리 코스 두번째홀(11번홀)을 파6홀로 조성했다. 홀 길이가 7180야드(약 654m, 블루 티 기준)로 국내 최장이다. 이제까지 가장 긴 홀로 공인됐던 자유 골프장(경기도 여주) 서코스 6번홀(파5,6300야드)보다도 880야드가 더 길다. 그 후 – 인터불고경산CC(경북 경산) 마운틴 9번 홀은 8630야드의 파6홀로 왼쪽에 흐르는 계류와 티잉 그라운드, 오른쪽 수림대가 어우러져 경치가 아주 빼어나다. 짱짱한 거리를 의식해 일단 멀리 보내고 보자는 식의 전략을 선택한다면 그에 따른 심각한 후유증은 라운드 내내 감내해야 할 것이다.

2. 골프!!!!! 어떻게 배울 것인가?

골프를 처음 배우고자 마음먹었을 때 많은 두려움이 앞선다. 그래서 먼저 배운 주변사람들에게 많은 질문을 하게 되며 그들의 한마디를 평생 바이블로 생각하며 골프를 시작하게 된다.

초보자가 처음 골프에 입문하려 할 때 먼저 어디서 어떻게 어떤 프로를 잘 만나서 배울 것인가 하는 것이 가장 큰 고민이다.

필자는 15여 년 전 서울 논현동에서 "아라골프 크리닉"이라는 초보자 스윙 만들기, 상급자 스윙 교정 아카데미를 운영하고 있을 때 이런 경험을 했다. 60세 쯤 되신 여성분이 크리닉 문을 열고 들어서서 저를 찾으면서 하시는 말씀이 "여기 문턱을 넘어 오는데 6개월이 걸렸다"라고 하시는 것이다. 깜짝 놀라 무슨 의미냐고 물어보니 주변사람들 모두 골프를 즐기는데 젊을 때 골프에 대한 좋지 못한 인식으로 배울 기회를 놓쳐 이제 골프를 배우려고 하니 너무 두려워 크리닉 문 앞에 왔다가 돌아가기를 6개월 동안 반복 했다는 것이다.

그렇다... 많은 분들이 누군가가 이끌고 가지 않으면 이분처럼 두려울 수 있을 것으로 생각된다. 더욱이 연세가 드시면 더 그러하리라..

이제는 골프를 접할 수 있는 기회가 많으리라 생각된다. 골프 채널이 있어서 24시간 골프중계를 하고 대회도 많아져 PGA나 LPGA 대회도 안방에서 시청 할 수 있게 되었다. 또한 골프 채널마다 레슨 프로그램도 많아 중급자 이상이면 모두 잘 이해 할 수 있고, 중요한 부분도 프로들이 잘 설명 해 주기에 상당히 유익한 레슨이다.

그러나 초보자들에게는 용어도 어렵고 알아듣지 못하는 내용이다.

그럼 초보자는 어떻게 시작하는 게 좋을까?

필자는 대학에서, 크리닉에서 많은 초보자들을 지도해 본 경험으로 입문 과정을 하나하나 정리하고자 한다.

3. 골프 어디서 시작 할 것인가?

초보자가 골프에 입문하면서 소요되는 경비까지 고려해볼 때 가장 접하기 쉬운 실내연습장에서 시작하는 이 좋을 듯싶다. 연습장의 선택은 자신이 주로 활동하는 곳(집이나 직장) 걸어서 10분 이내의 거리의 연습할 수 있는 연습장을 선택해야 한다. 왜냐하면 작심삼일 이라고 접근성이 어려운 곳은 자주 가지 못하게 된다. 하루 이틀 빠지면 영~~포기하게 되는 경우를 왕왕 봐왔기 때문이다. 연습장을 선택했으면 그 곳의 티칭 프로에게 문의 후 레슨을 반드시 받도록 해야 한다. 많은 초보자들이 레슨비의 부담으로 주변의 지인들을 통해 몇 마디 듣고 독학을 하게 되는데 이것은 꼭 피해야 한다. 처음 스윙을 만들 때는 반드시 프로에게 제대로 된 스윙을 배우도록 권한다. 최소 3개월 정도는 매일 연습장에서 스윙 연습을 통해서 이쁜 스윙, 정확한 스윙을 만들도록 부탁하고 싶다. (실외 연습장은 프로가 주 2~3회 레슨을 하며 경비가 많이 든다. 또한 넓어서 집중력이 떨어지고 스윙 만들기가 쉽지 않다. 물론 개인차도 있겠지만 경험상 처음 시작은 실내가 좋다)

골프를 시작하면 우선 골프에 대해 공부하기를 바란다. 골프는 몸으로 하는 스포츠이지만 스윙의 개념이나 원리가 머릿속에 정리되어 있으면 동작의 습득이 훨씬 빠르다. 먼저 교재를 통해 골프에 대한 전반적인 이론이나 T.V 중계, 레슨 프로그램 등을 통해 골프를 공부하면서

서서히 스윙의 개념을 익히고, 골프에 필요한 근육강화, 어드레스 하는 부분, 어깨 턴은 어떻게, 용어, 룰 등을 조금씩 익힌 후 집이나 사무실에서도 빈 스윙 많이 하는 것이 빠르게 실력을 향상하는데 큰 도움이 된다.

2개월 정도 실내 연습장에서 스윙을 만든 후 주변에 골프를 비교적 잘 치는 지인과 함께 실외 연습장을 한번 가보는 것이 좋다. 처음 실외 연습장에 나가면 볼 맞히는 것도 어렵다는 걸 알게 된다. 실내에서 빵빵 잘 쳤는데 왜 이러지? 헛스윙(볼은 제자리에 있고 클럽만 흔든다)을 몇 번하고 나면 많이 부족함을 느낄 수 있다. 그 다음 부터는 실내에서 연습하고 주 1회는 실외 연습장에 가서 점검하면서 스윙을 만들면 된다.

4. 나의 골프 프로는?

레슨은 누가 잘하는지 못하는지를 말하기가 어렵다.

골프를 어떻게 가르칠 것인가를 늘 고민하는 프로, 초보자를 잘 가르치는 방법을 아는 프로를 선택해야 하는데, 유명한 프로나 실력이 뛰어나다고 해서 자기 자신에게 알맞은 레슨을 한다고 할 수는 없다. 보통 레슨을 받으려 하면 유명한 프로를 찾게 되는데 그럴 필요는 없다. 볼은 잘 친다고 잘 가르치는 것도 아니고 레슨 프로 자격을 가진 사람이면 잘 치고, 잘 가르친다. 중요한 것은 일단 레슨을 받기 시작하면 레슨하는 프로를 전적으로 믿는 것이다. 또한 레슨 경험은 얼마나 되는지, 개인적인 레슨 프로그램은 가지고 있는지, 자기 자신보다 배우는 사람을 배려하고 이해하려 하는지, 스윙의 테그닉보다 원리를 먼저 이해시키려 하는지, 전에 레슨 받은 사람들의 의견도 들어보고, 레슨은 몇 명을 가르치는지에 대해서 꼼꼼히 점검하는 것이 보다 효과적인 레슨프로를 만날 수 있다.

동네의 실내연습장에 가면 대부분 터줏대감 회원들이 있기 마련이다. 그들의 공통점은 독학으로 골프를 배워 폼은 좀 이상하지만, 구력이 오래되었고, 볼도 잘 친다. 골프 연습장의 모든 일에 음으로 양으로 간섭하고 참견한다. 특히 새로 가입한 신입 회원이 있으면 너무나 친절하게 골프장 이용방법을 설명하며 프로보다 더 상세하게 레슨을 해 주려고 한다. 초보 시절 이런 경험이 대부분 있을 것이다. 그 때 정중히 거절해야 한다. 물론 그들이 틀린 말을 하는 것은 아니다. 그러나 나를 지도하는 프로의 표현과 주변사람들의 표현이 달라서 초보자는 많은 혼란을 겪는다. 예를 들면 프로가 "흰말의 엉덩이다"라고 표현 했는데 주변인은 "백말의 힙이다"라고 표현하면 초보자는 이것을 각각의 것으로 받아들인다. 그래서 혼란을 겪는 것이다. 다운스윙을 시작할 때 "하체를 리드하라", "허리를 풀어라", "체중을 옮겨라" 등의 표현을 한다. 이게 모두 같은 동작을 의미하지만 초보자는 이건 또 뭔가? 하고 혼란을 겪게 된다. 그래서 나를 직접 지도하는 프로를 믿고 따라야 한다. 어느 정도 스윙도 만들어 지고 이제 혼자 생각하고 연습 할 수 있을 때 까지.

◆ 아픔을 즐기는 것이 일류 인생이다.
지금 아픈 것은 더 아름다워 지기 위함이다.
아름다운 종소리를 더 멀리 퍼뜨리려면 종이 더 아파야 한다
섹익스피어가 이런 말을 했다고 한다.
아플 때 우는 것은 삼류이고, 아플 때 참는 것은 이류이며,
아픔을 즐기는 것이 일류 인생이다......
-김용태 "야해야 청춘"-

그렇다.
골프를 하다보면 손에 물집이 수도 없이 생기고 또 생기고 굳은살이 만들어 진다. 그 때 포기하면 영원히 잘 칠 수가 없다. 손바닥이 아프고 등에 담이 생겨도 물집을 터뜨리고, 파스를 붙이고 연습을 해야만 골프의 재미를 느끼고 고수가 되는 것이다.

◆ 저절로 되게 하려면 지루한 반복을 거듭해야 한다.
저절로는 아무렇게나 하는 것처럼 보이지만
저절로 되게 하려면 수많은 실험을 거쳐야 한다.
저절로는 너무 쉽게 하는 것처럼 보이지만
저절로 되게 하려면 지루한 반복을 거듭해야 한다.
-조선 지식인의 글쓰기 노트에서-

그렇다.
가끔 지인들과 필드를 가면 동반자가 이런 말을 한다. "당신은 그냥 편하게 힘도 안주고 툭 치는 것 같은데 똑바로 멀리 가냐?" 초보자나 아마추어 눈에는 저절로 되는 것처럼 보이지만 오랜 세월 많은 연습을 통해 스윙이 만들어 진 것이지 그냥 되는 것은 아니다.
골프의 지름길은 없다. 연습만이 최선이다..

5. 처음 골프를 배우는 사람들이 싫어하는 프로는?

필자는 골프 연습장에서 연습하고 있는 골퍼 약 100여명(남여 각 50여명)을 상대로 초보시절 프로에 대한 설문을 실시하였다.

초보시절 프로에게 레슨을 받은 경험이 있는 골퍼들이 말하는 가장 싫었던 프로는

1) 과도한 스킨쉽을 하는 프로

남자 프로가 초보 여자에게 손, 팔, 엉덩이, 허리, 허벅지 등 신체 전체를 과도하게 스킨쉽을 한다고 한다.(마음 놓고 주무른다고 표현) 특히 머리를 고정시키라고 하면서 머리에 골프채를 대고 이리밀고 저리밀고 한다고 한다.

2) 무조건 반말하는 프로

레슨받기 시작하여 며칠 지나면 반말을 시작한다고 한다. 나이도 어린 프로가 골프를 가르친다는 이유로 반말을 심하게 한다.(정말 밥맛이라고 표현)

3) 레슨비 이외 돈을 요구하는 프로

명절은 기본이고 생일 등 기념일, 그 외에도 시도 때도 없이 돈을 요구하는 눈치를 준다고 한다. 또 같이 레슨 받는 사람 중 누군가 봉투를 주면 그 사람만 집중적으로 레슨을 해 주고, 대화도 그들과 하고 그들하고만 웃고, 봉투를 안 준 사람들과는 아주 형식적인 대화만 해 봉투를 안 줄 수 가 없다고 한다.(아주 징그럽다고 표현)

4) 불성실한 프로

주 4~5회 레슨을 하기로 약속하고 1, 2회를 나오지 않는다든가, 술 냄새를 풍기면서 억지로 레슨을 한다든가 이런 프로는 (마주보고 서 있고 싶지 않다고 표현)

그 외에도 억지로 필드레슨을 가자고 하는 프로, 저녁에 레슨마치고 식사나 술을 요구하는 프로 등등

6. 골프를 어떻게 잘 칠 것인가?

- 풍부한 이론을 이해하고 그 위에 올바른 방법으로 꾸준히 연습을 하는 것. 생각하는 골프 즉, 요령 있는 연습을 하자.
- 골프채를 자기에게 맞는 것으로 선택하자.(가급적 가벼운 채를 선택)
- 되도록 프로를 잘 만나야 하고 상호 대화가 잘 이루어져야 한다.
- 필드를 자주 나가야 하지만 초보 시절은 연습장을 집 삼아 연습에 매진해야 한다.
- 골프는 너무 잘 치려고 하다가 많은 스트레스를 받는 운동이다.(즐기면서 실력향상)
- 되도록이면 연구 하면서 성취감과 함께 즐길 줄 아는 골퍼가 되어야 한다.
- 싱글이 되기 위해서는 필드를 많이 가야하지만 초보자는 연습장에서 시간투자를 많이 해라. 한 달에 장갑 두 장 정도는 버려야 한다.
- 초보자가 필드를 나가기 시작하면 드라이브와 아이언의 연습 90%, 퍼터와 어프로치에 10% 비중으로 연습한다. 드라이브와 아이언이 안정화되면 점차 9:1에서 8:2, 7:3, 6:4로 연습하고 싱글이 되면 어프로치와 퍼터를 90%한다.

7. 초보 골프배우기 입문 5계명

1) 실내연습장에서 시작하라

골프채를 휘둘러본 적이 없는 '생초보'라면 굳이 돈을 들여 실외 연습장의 비싼 프로에게 레슨을 받을 필요가 없다. 기본자세는 집 혹은 회사 주변의 실내 연습장에서 스윙을 잘 만들고 부족한 것들의 조언을 받으며 매일 연습을 해야 한다.

헬스클럽과 함께 운영되는 실내 연습장은 한 달에 10만원이면 골프를 배울 수 있다. 1년 단위로 등록하면 60~70만원이면 된다. 비용이 저렴하다는 것과 더불어 실내 연습장은 초보자의 금기 사항을 막아 준다는 장점도 있다. 연습장에선 공이 날아가는 것을 볼 수 없기 때문에 헤드업(head-up)을 방지 한다. 스윙을 하면서 날아가는 공을 보기 위해 머리를 들어 올리면 미스 샷을 할 가능성이 높아 헤드업은 중요한 금기 사항 중 하나 이다.

또 실외 연습장과 달리 주변 사람을 의식해 비거리를 늘리려는 욕심도 막아준다. 비거리를 늘리기 위해 무리하게 힘을 주면 자세가 흐트러질 뿐 아니라 근육통 등 부상을 입기 쉽다.

2) 실외 연습장에서 가다듬자

실내 연습장에서 3~6개월 정도 연습했다면 실외 연습장에서 실전 대비 연습을 하는 게 좋다.

풀스윙 단계에선 공의 방향과 비거리를 측정해 보고 프로에게 결과를 알려주고 스윙 교정을 해야 한다. 초보 단계에선 실내 연습장에 소속된 프로에게 배운다면 통상 큰 문제가 없지만 스윙을 가다듬고 문제점을 교정하는 단계에선 더 상세하게 설명해주고 교정해 줄 프로가 필요하다. 프로의 능력에 따라 결과가 크게 달라진다.

3) 첫 골프채는 중고로

골프를 처음 배우는 사람이 고가의 골프채를 구입했다면 부러움 보다는 비웃음을 살 것이다. 프로들이 사용하는 어렵고 고가의 골프채를 초보자가 덜컥 구입하는 건 잘못된 행동이다. 초보 단계에선 자신에게 맞는 클럽을 정확히 파악하지 못하기 때문이다.

만약 클럽이 자신에게 맞지 않을 경우 무겁거나, 너무 탄력이 있거나, 어려운 클럽을 선택하면 땅을 치고 후회할 일만 남게 된다. 초보자의 경우 다른 사람이 쓰던 골프클럽을 받아쓰거나 중고클럽을 사는 게 바람직하다.

주요 골프매장에서 판매하는 중고클럽은 상태, 인지도, 출시연도 등에 따라 A~C급으로 나뉘는데, 최고 상태인 A급도 정가의 50% 정도로 저렴하다.

4) 골프 용품도 욕심내지 말자

골프화, 골프 볼, 모자, 보스턴백, 티, 장갑, 볼 마커, 디보트 수리기 등 골프를 시작하면 구매해야 할 용품이 적지 않다. 초보자라면 용품도 굳이 고급 사양의 제품을 고집할 이유가 없다.

골프 볼은 대형 할인매장에서 판매하는 저가 용품이면 충분하다. 아니면 로스트 볼을 구입하면 된다. 초보 시절엔 공을 치는 데 급급해 2피스, 3피스 등 공의 특성을 잘 파악하지 못할 뿐더러 골프장에 나가면 해저드로, 숲으로 날려버려 잃어버리는 게 부지기수다.

소모품인 장갑도 비싼 양피가죽 대신 인공가죽이나 합성피면 충분하고, 그린에서 볼을 표시하는 볼 마커가 없다면 100원짜리 동전을 사용해도 무방하다. 신발은 인터넷 홈쇼핑 등에서 5만원 안팎이면 좋은 건 아니더라도 쓸만한 골프화를 구입 할 수 있다.

신발의 경우, 골프양말이 두꺼운 데다 5시간 이상의 라운드를 해야 하기 때문에 운동화 사이즈보다 5mm 가량 큰 걸로 고르는 게 좋다.

5) 골프복장은 편하지만 예의에 맞게

골프는 신사의 스포츠다. 요즘엔 많이 느슨해 졌으나 아직 드레스 코드가 존재한다.

반바지와 깃이 없는 라운드 티셔츠는 피하는 게 좋고, 활동성이 떨어지는 청바지와 양복바지도 좋지 않다. 그렇다고 비싼 골프용 의류를 착용 할 필요는 없지만 움직이기에 편한 셔츠와 면바지 정도면 무난하다.

초보 골프배우기 5계명 잘 숙지하여 즐거운 라운드, 매너 있는 골퍼가 되었으면 한다.

골프, 이렇게 시작한다.

GOLF

제Ⅱ장

클럽의 종류

II 클럽의 종류

클럽은 우드(Wood), 아이언(Iron), 웨지(Wedge), 퍼터(Putter)로 나누어진다.

1. 우드

우드는 다른 클럽에 비해 샤프트 길이가 길고 헤드 용량이 커 비거리를 많이 낸다. 따라서 비거리를 내기 위해 헤드의 소재나 샤프트의 재질, 길이를 중요하게 고려해야만 한다.

드라이브를 처음 만들 때 클럽헤드의 재질을 퍼시먼(감나무) 우드로 만들었기 때문에 우드라는 명칭이 붙었고, 최근에는 메탈헤드인 스테인레스나 티타늄, 알루미늄 등 금속으로 만들어진 헤드를 많이 이용하고 있다.

헤드 체적은 점점 커지는 추세로 최근에는 500cc이상까지 나와 있으며 샤프트의 길이도 길어지고 있는 추세로 50인치짜리도 있다.

그러나 헤드가 크면 스위트 스팟이 넓어 미스샷 가능성이 낮아 유리하나 공기의 저항을 많이 받아 헤드 스피드가 줄어들 수 있고 샤프트 길이가 길면 거리 내는 데는 좋으나 볼을 정확히 맞출 수 없는 단점이 있다.

우드의 종류-1번 드라이브부터 3, 5, 7, 9번 우드까지

국제대회 공인은 클럽의 전장 길이는 48인치(1.219m)를 초과해서는 안 되고 헤드 용량은 460cc를 초과해서는 안 된다.

1번(드라이버), 2번(블러시), 3번(스푼), 4번(버피), 5번(클리크), 7번(헤븐우드), 9번(디바인 나인)이라고 부르며 2번 우드는 거의 사용하지 않으며 최근에는 11번 까지 나와 있다.

아래 클럽별 거리는 초, 중급자 정도의 거리이다.

Woods	1-Driver	200-240yds (183-219m)
	3-wood	190-220yds (174-201m)
	5-wood	170-190yds (155-174m)
	7-wood	160-180yds (146-165m)
Irons	1-iron	190-210yds (174-192m)
	2-iron	180-200yds (163-219m)
	3-iron	170-190yds (155-174m)
	4-iron	160-180yds (146-183m)
	5-iron	150-170yds (137-155m)
	6-iron	140-160yds (128-146m)
	7-iron	130-150yds (119-137m)
	8-iron	120-140yds (110-128m)
	9-iron	110-130yds (101-119m)
Wedges	Pithching Wedge	90-110yds (82-101m)
	Sand Wedge	up to 80yds (73m)

먼저 클럽 헤드에 숨어있는 명칭을 알아보자. 아래 그림을 보면 헤드라고 하더라도 각 부위에 따라 명칭이 있다. 아이언헤드도 지금 보이는 부위의 명칭은 같다.

드라이브 헤드의 부분별 명칭

2. 아이언

아이언 클럽은 헤드가 금속으로 만들어져 그 명칭이 아이언이라 한다. 클럽헤드, 호젤, 샤프트, 그립 등 큰 부위로 이루어져 있다.

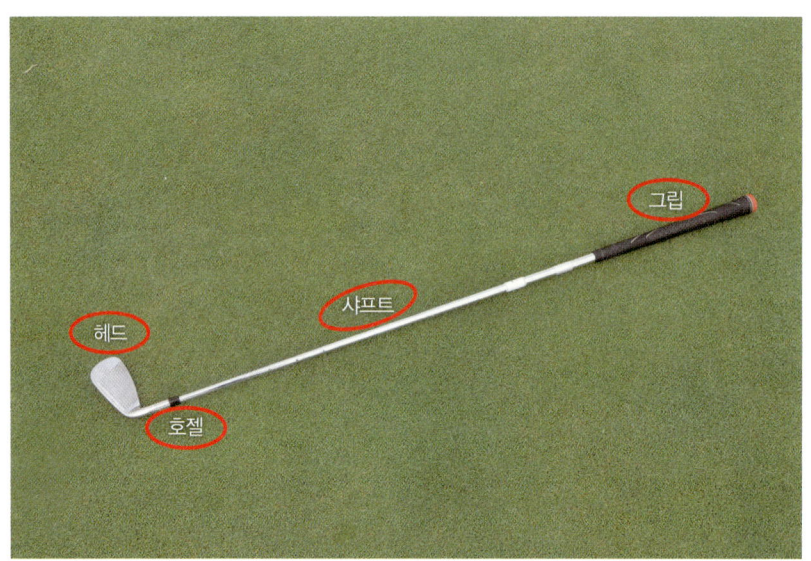

아이언의 큰 명칭

아이언 부분 명칭

클럽 바닥면(솔)

클럽의 바닥면에 해당하며 일반적으로 번호가 적혀있는 바닥면을 솔이라고 한다. 이 솔 부분은 샷을 했을 때 리딩엣지가 땅에 닿은 직후 지면에 솔이 닿아 쓸듯이 빠르게 지나가야 한다.

클럽 뒷면

아이언은 멀리 치는 것보다는 목표에 정확하게 치는 것인 목적인 클럽이다. 같은 번호의 클럽으로 항상 일정한 거리를 치는 것이 중요하다. 예를 들면 어떤 플레이어는 7번 아이언으로 어떤 때 150m를 보내고, 나쁜 컨디션과 잦은 미스 샷에 따라 120m, 130m, 140m를 치는 것은 아주 나쁜 것이다.

7번 아이언으로 멀리 보내지 않지만 항상 일정하게 120m 혹은 130m를 일정하게 보내는 플레이어가 잘 치는 고수인 것이다.

아이언 멀리 보낸다고 자랑하는 사람은 골프를 잘 못하는 플레이어라고 보면 틀림없다.

보통의 아마추어는 3번에서 9번과 P까지의 8개의 아이언 클럽을 가지고 다닌다. 3~5번 클럽을 '롱 아이언', 6~7번 클럽을 '미들 아이언', 8번~P까지를 '숏 아이언'이라고 부른다. '번호'가 커질수록 높이 뜨고 비거리가 짧다.

비거리는 클럽의 '샤프트 길이'와 '클럽 페이스의 각도(로프트)'와 관계가 있다. 샤프트가 길고 클럽 페이스의 각도가 적은 클럽일수록 볼이 멀리 간다. 샤프트가 짧고 로프트가 커질수록 비거리가 짧다. 따라서 롱 아이언은 샤프트가 길고 로프트가 낮고, 숏 아이언은 샤프트가 짧고 로프트가 높은 클럽이다.

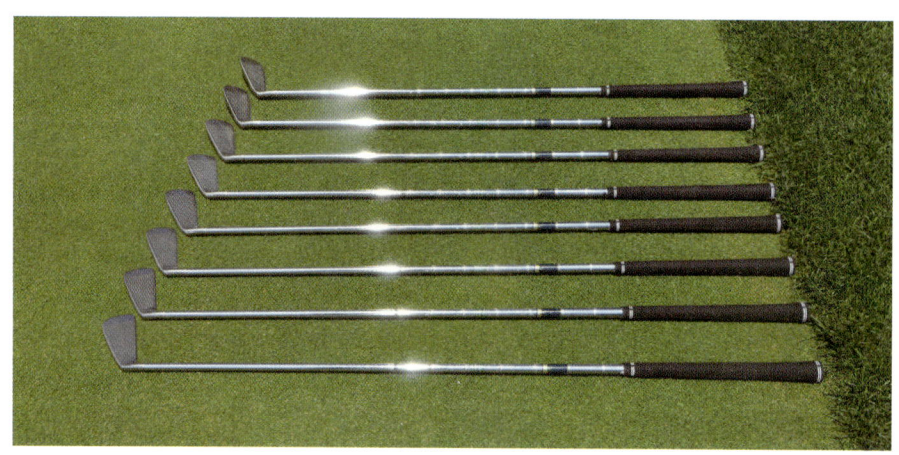

아이언 3~P
일반적으로 1, 2번은 사용하지 않음

아이언은 클럽 뒷면의 생긴 형태에 따라 크게 3가지의 Type으로 구분한다.

1. 방향성이 좋다는 캐비티 백(Cavity Back)
2. 어렵고 예민하다는 머슬백(Muscle Back)
3. 관용성(Forgiveness)과 치기 쉽게 했다는 언더 캐비티백(Under Cavity Iron)

1) 캐비티 백 아이언(Cavity Back Iron)

캐비티 백 아이언, 가장 많은 골퍼가 사용하고 있는 아이언이다. 프로를 제외하고 아마추어만을 대상으로 할 때는 거의 대부분의 골퍼가 사용하는 이 아이언을 사용한다.

'캐비티 백 아이언 (Cavity Back Iron)'은 말 그대로 Cavity(명사 공동(空洞); 움푹 들어

간 곳, 구멍; (주물의) 구멍, 충치) 아이언 헤드 뒷면에 구멍이나 파진 홈이 있는 형태를 가진 아이언이다. 똑바로, 멀리, 높이, 쉽게라는 명제에 의해 만들어진 캐비티 백 아이언은 머슬백 아이언에서 진화가 이루어진 아이언 이라고 광고를 하지만, 사실은 머슬백 아이언의 대안으로 제시된 것이지 진화를 이루어 낸 것은 절대 아니다.

광고에서는 새로운 첨단 기술과 듣도 보지도 못한 재질(리퀴드 스틸, 머레이징 등등)로 만들어진 치기 쉽고 멀리가고, 정확한 아이언이 바로 캐비티 백 아이언이라 말한다.

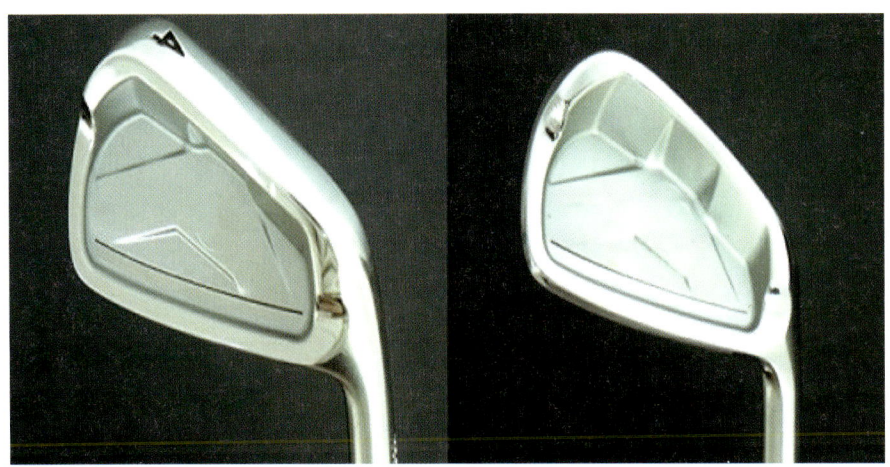

캐비티 백 타입

각각의 업체에서는 캐비티 백 아이언에 여러 가지 기술이름이나 하이테크 한 명칭을 붙여 소개를 하지만, 다 그냥 똑같은 특징을 어려운 말로 포장을 한 것 뿐이다.

그것 대부분의 특징은 다 캐비티 그 자체에서 나오는 것이기 때문에 그런 광고 문구에 큰 의미를 두지 않길 바란다.

캐비티 백 아이언은 머슬백 아이언 혹은 언더 캐비티 아이언에 비해 헤드의 밑면(솔, sole)의 더 넓은 두께로 인해 약간 늦은 타이밍, 그리고 뒷 땅을 치는 샷에서 어느 정도 실수를 보정을 해준다.

그리고 다른 아이언에 비해 더 커진 헤드 크기로 인해 볼을 더 잘 맞출 수 있다는 생각을 갖게 해준다. 실제로도 그렇다.

초보자나 아마추어들의 타점이 스윗스팟보다는 클럽 페이스 하단에 공이 맞는 경우가 대부분이다. 그래서 초보자가 미스 샷을 해도 충분한 탄도와 백스핀을 만들어 내기 위해 무게 중심을 가장 낮게 조절해 놓고 있으며, 스윗스팟 좌우를 벗어나도 볼의 스피드를 많이 잃지 않게 만들어 준다. 실제로 많은 아마추어의 샷을 분석해 보면 스윗스팟에 정확히 맞추는 것 보다 대부분 하단에 타점이 분포되어 있는 것을 알 수 있다.

초보자가 연습한 아이언 클럽
(스윗스팟 보다 아래 맞으며 볼 자국이 클럽 앞뒤 전체에 있다)

상급자가 연습한 아이언 클럽(스윗스팟에 볼이 맞은 자국이다) 이런 자국이 생기는 것
은 스윙 궤도가 일정하여 정확한 임팩트가 이루어지기 때문이다.

그러므로 무게중심을 낮게 만들어 높은 것은 어느 정도 실수 완화성이 다른 아이언 종류에 비해 높은 것은 사실이다.

초보자 혹은 중급자에게 적합하며, 주말 골퍼, 연습을 많이 하지 않는 골퍼, 나이가 들어 시작하는 초보자 그리고 스코어 관리에 중점을 둔 골퍼에게 어울리는 아이언이라 하겠다.

• 장점 : 헤드의 무게 중심이 상하좌우로 분산되어 관성모멘트가 커져 공이 스윗스팟에 맞지 않더라도 관용성이 좋아 비거리와 방향성을 커버해 줄 수 있다. 또한 와이드한 솔로 인해 무게 중심이 낮아져 볼을 띄우기가 쉽고 더프(duff, 일명 뒤땅) 등 미스

샷을 커버하는 효과가 있어 초급자나 중급자에게 적합하다.
- 단점 : 캐비티 아이언의 단점은 머슬백 아이언으로 스윗스팟에 정확하게 맞았을 때 보다 비거리가 떨어진다는 점과 공을 자유자재로 조절할 수 있는 컨트롤 샷을 하기가 어렵다.

2) 머슬백(Muscle Back) 혹은 블레이드 아이언(Blade Iron)

영어를 직역하자면 말 그대로 머슬백 공 맞는 뒷면이 근육으로 꽉 찬 형태의 아이언을 말한다. 아이언 백 페이스에도 살이 붙어있어 왠지 볼을 쳤을 때 묵직한 쇠망치로 치는 듯 한 느낌이 날 것 같이 생겼다. 실제로 머슬백 아이언으로 볼을 쳤을 때 흔히 말하는 손맛이 가장 좋다고 한다.

그런데 왜 머슬백이 어렵다고 하는 것일까?

머슬백은 후면부가 철로 두껍게 설계 및 디자인 되어있다. 때문에 헤드의 중량이 높아 헤드 사이즈를 작게 만들 수밖에 없다. 헤드 사이즈가 작아지면 페이스에 스윗 스팟이 작아지고 따라서 공을 정확히 맞추는 게 힘들어져 조금만 빗맞아도 방향과 거리를 크게 손실이 있다.

머슬백 타입

뿐만 아니라 아이언 바닥 솔(sole)부분도 얇아 필드에서 클럽이 땅속으로 박히는 경우도 종종 발생한다. 솔이 얇은 대신 스핀 량이 증가하는 장점도 있지만 정확한 샷을 구사하는 게 먼저 인 것 같다.

최고의 기술을 발휘 할 수 있지만 많은 연습량을 필요로 하며 정확한 샷을 구사하는 골퍼가 아니면 사용하기 힘들다. 매일 연습장에 가서 연습 할 수 있을 골퍼가 사용해야 한다. 최근에는 머슬백 아이언을 좀 더 느끼며 쉽게 쳐보고자 언더 캐비디 아이언(Under Cavity Iron) 일명 하프 머슬백(Half Muscle Back)형태인 클럽도 나온다.

- 장점 : 무게의 대부분이 페이스의 가운데를 중심으로 몰려있어 스윗스팟에 맞을 경우 엄청난 비거리와 타구감을 선사한다. 또한 조작성이 뛰어나 다양한 컨트롤 샷이 가능하기 때문에 상급자나 프로골퍼들이 많이 선호한다.
- 단점 : 무게 중심이 중앙에 집중되어 관성모멘트가 작아 정중앙이 아닌 곳에 맞았을 경우 페이스가 쉽게 뒤틀려 엉뚱한 방향으로 날아가거나 비거리가 크게 손해를 본다.

3) 언더 캐비디 아이언(Under Cavity Iron)

헤드 뒷면이 완전히 비어 있는 것이 아니라 반 정도가 비어있어 완전한 캐비디 아이언의 단점을 보완 하면서도 어느 정도 스윗스팟의 크기를 확보해 최대한 중심을 뒤로 보낸 게 특징이다. 클럽의 중심이 뒤로 가면 방향성이 향상되기 때문에 컨트롤 샷을 가능하게 하면서도 타격감을 유지 시키고 정확성을 겸비한 디자인이라 할 수 있겠다.

언더 캐비티 타입

실제로 골프가 어려운 것이지.. 골프채가 어려운 것은 아니다. 물론 종류별로 난이도는 분명히 존재한다. 그러나 그것이 머슬백은 엄청 어렵고 캐비티는 아주 쉽고, 하프 캐비티는 그 중간에 존재한다는 단편적인 생각으로 정의 하기는 힘들다. 각자의 연습량, 신체적 조건 그리고 목표에 따라 그 선택이 달아져야 한다는 것이다.

"초보자가 감히 머슬백을 써?"라며 동반자에게 눈을 흘기고, "아니 무슨 고수가 쟁반만한 캐비티를 써?"라며 폼이 안 난다고 놀려 대는 것을 하지 말자는 것이다.

눈살을 찌푸리게 하는 매너 없는 동반자의 모습에는 아무소리 하지 않지만 유독 나와는 전혀 상관없는 동반자의 골프클럽은 상당히 엄격하고 편향된 시선을 갖는 것은 왜일까? 한번 생각해 보자.

위의 글처럼 어느 정도 도움이 되는 캐비티를 우리 모두 사용하면 되지 않냐고 반문해 볼 수 있다. 그리고 왜 상급자나 프로들이 왜 어렵게 머슬백이나 그 범주에 들어가는 상급자용 아이언을 선호하는가?

그 이유는 마치 오토매틱 차량과 기어변속기 차량의 차이라 생각된다.

쉽고 편하게 운전을 하느냐 나만의 느낌으로 운전하고 조작하느냐의 문제인 것이다.

하지만 아무리 오토매틱 차량이 발전해도 경주용 차의 대부분은 기어방식을 취하고 있는 것을 보면 이해가 빠를 것이라 본다.

무엇을 선택하고 사용하는 것은 모두 여러분의 자유의지이다.

처음 골프를 시작할 때 지인으로부터 물려받은 클럽이 머슬백이라면, 시작을 머슬백으로 한 골퍼는 가장 익숙하게 다가오는 것이 머슬백, 머슬백이 어려워 캐비티로 바꾸고 싱글 치시는 분에게는 캐비티가 최고의 아이언이다.

다양성이 존중되고 차이를 인정하고, 선택의 폭이 넓다면 더욱 즐겁고 재미난 골프 라이프가 되지 않을까 한다.

그리고 알지 못하고, 생각 속에서만 혹은 입소문에 의해서만 자신이 사용할 아이언을 구입하는 것은 결국 많은 시행착오와 비용의 증가로 이어진다. 더군다나 무분별한 광고의 홍수 속에서 많은 골퍼들은 갈피를 잡지 못하고 아까운 시간과 돈 그리고 발전 할 수 있는 골프를 놓치고 만다.

모쪼록 건강하게 즐겁게 그리고 합리적인 골프를 위해선 내가 즐기고 사랑하는 골프에 대해 조금은 더 알아보는 것도 좋지 않을까 생각해 본다.

아이언은 우드에 비해 명칭이 잘 안 불려진다.

명칭보다는 번호로 소통하는 경우가 대부분이다.(아이언 7번 등)

아이언 번호	명칭	아이언 번호	명칭
1	드라이빙 아이언	7	매시 니블릭
2	미드 아이언	8	피처
3	미드 매시	9	니블릭
4	매시 아이언	P/W	피칭웨지
5	매시	A/W	어프로치 웨지
6	스페이드 매시	S/W	샌드웨지

아이언 클럽은 헤드가 금속으로 만들어졌으며 페어웨이에서 그린 위의 컵으로 정확히 보내는 역할을 한다. 아이언 역시 철(아이언)을 사용해서 만든 클럽과 카본이나 보론을 소재로 해서 만든 클럽이 있다. 그러나 대부분의 플레이어가 철을 소재로 해서 만든 클럽을 사용하고 있다.

주조와 단조에 대해서는 상급자용 책에서 다루도록 하겠다.

(1) 샤프트란?

클럽 중에서 1번 우드(드라이버)가 샤프트가 가장 길고, 로프트가 적으므로 가장 멀리 나는 것이다.

샤프트의 소재는 스틸과 그라파이트(카본) 두 가지가 있는데 스틸 샤프트는 스윙할 때 힘이 좋은 사람이 이용하며 그 이외에 아마추어나 보통 사람들은 그라파이트(카본) 샤프트를 사용한다.

그라파이트(카본) 샤프트의 장점은 가볍다는 것이다. 그리고 샷을 할 때에 활처럼 휘어지는 폭도 크다. 비거리를 내려는 일반 플레이어에게는 적당하다. 그러나 프로 선수들은 스틸 샤프트를 선호하는 편이다. 스틸 샤프트는 강도가 있고 무게 또한 있다. 그래서 볼이 맞는 순간 휘는 폭이 적기 때문에 볼을 더 정확하게 맞출 수 있다. 그러나 요즘 신소재가 발달하여 그라파이트와 스틸샤프트의 중간정도의 가볍고 정확성이 좋은 경량 스틸과 다소 강한 그라파이트 종류의 샤프트가 많이 나와 있다.

■ **샤프트의 강도(Shaft Flex)**

무게나 속도에 의해서 샤프트가 휘어지는 강도를 말한다. 여기서 샤프트 강도란 스윙 속도에 의해서 샤프트가 휘어지는 정도를 의미한다.

샤프트 강도의 표시는 산업 규격화 되어 있지 않고 샤프트 제조회사들 자체의 기준 설정에 의해 표기하기 때문에 같은 숫자 "S"라고 해서 강도가 다 같은 것이 아니기 때문에 잘못 이해해서는 안 된다. 즉 같은 Regular 라도 샤프트의 휘어지는 강도는 제조 회사마다 조금씩 다르다는 말이다. 강도가 다르다고 해서 샤프트의 품질이 나쁘거나, 또는 기준 미달이라고는 할 수가 없다. 초보자는 "R"이라고 표기된 샤프트를 쓰면 무난하다.

표시된 샤프트의 강도는 샤프트 제조회사 마다 강도가 다르다. (특히 주의)

6 가지 샤프트 강도의 종류

L – Flex	여성	S – Flex	힘있는 젊은 청년
A – Flex	시니어	X – Flex	프로정도의 스윙 스피드
R – Flex	일반인, 아마추어	XL – Flex	Extra Flexible

스윙을 하는 동안 샤프트의 강도에 따라 여러 가지의 샤프트 휘청거림의 느낌을 느낄 수가 있다. 샤프트가 강하면 휘청거림이 작은 좀 딱딱한 느낌이 있고, 샤프트가 약하면 휘청거림이 많은 느낌이다.

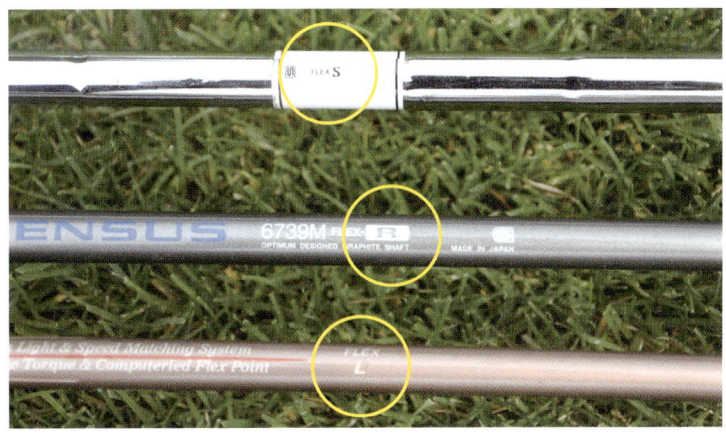

스윙 시에 샤프트가 휘청거리는 정도를 말로는 표현할 수 없으나, 스윙 때 느끼는 동물적인 예민한 감각을 개개인의 체력적 조건에 맞도록 기억해야 한다.

또한 회사에 따라 SR(S와 R의 중간쯤), R2, RR(A의 다른 표현으로 A와 R 중간단계), F(S와 R의 중간쯤)를 사용하는 회사도 있다.

보통 일반인의 경우 아시안 스펙 R과 미국스펙 A정도 사용하면 맞다.

샤프트 감을 좋게 하기 위한 요소가 어떤 것이 있을까?

첫 번째, 소재, 두 번째, 무게, 세 번째, 휘어짐, 네 번째, 뒤틀리는 힘(토크), 다섯 번째, 킥 포인트, 여섯 번째, 샤프트 밸런스 포인트, 일곱 번째, 샤프트의 설계 등 많은 요소들이 복합적으로 만들어지기 때문에 샤프트 마다 감과 성능이 다른 샤프트가 만들어 진다.

더 자세한 내용은 상급자용 책에서 다루도록 한다.

(2) 로프트란?

로프트는 볼을 치는 페이스 면의 각도이다. 위에서 말했듯이 우드나 롱 아이언은 수직에 가까운 면으로 볼을 치기 때문에 높게 뜨지 않고 낮게 멀리 간다. 남자아마추어의 드라이브 로프트의 각도가 보통 9.5~10.5도이고 여자의 드라이브 로프트의 각도는 보통 10.5~12도정도가 시중에 판매되고 있다.

3번 우드는 16°, 4번 우드는 19°, 5번 우드는 21° 정도이다. 약 3° 씩의 차이로 높아진다. 그러나 제조회사들에 따라 차이가 있다.

아이언의 경우 약 4° 씩 차이가 나는데 7번 아이언은 39°이다. 아이언의 번호가 낮아질수록 4° 씩 작아지며 아이언4번과 3번의 각도 차이는 3°이다. 그리고 아이언 7번에서 번호가 커질수록 4° 씩 커진다.

드라이브 로프트 　　　　　　　　　아이언 로프트

또한 최근에 출시한 아이언은 과거의 아이언에 비하여 비거리가 늘어났다. 아이언의 기능이 좋아지고, 예전에 비해 헤드디자인 및 샤프트와 헤드소재의 다양성으로 점차 좋아진 원인도 있지만 실질적으로 그 차이보다는 로프트 각이 점점 세워지고 있기 때문이다.

아이언 평균 로프트	4번	5번	6번	7번	8번	9번
과거 아이언	28	32	36	40	44	48
최근 아이언	24	28	32	36	40	44

일반적으로 4도의 차이면 10미터 이상 거리가 차이가 난다. 제조사들은 매년 새로운 클럽을 출시하면서 고민에 고민을 거듭한다. 소비자를 만족시키기 위한 더 뛰어난 비거리와 관용성이라는 문제의 답을 찾다가 나온 해답으로 비거리를 위해서 로프트를 세우고 공의 탄도를 낮게 하여 비거리를 더 늘릴 수 있게 만들었다. 결국, 제조사들이 내세운 비거리 향상의 핵심 비밀은 로프트 각을 기존 제품보다 더 세우는 데에 있다고 볼 수 있다.

(3) 라이각이란?

클럽을 지면에 놓았을 때 지면과 힐 부분 사이에 생기는 각도를 말한다.

로프트각이 거리에 영향을 끼친다면 라이각은 정확성에 영향을 준다. 라이각이 골퍼의 스윙이나 체형에 맞지 않는다면 볼이 예상과 달리 엉뚱한 방향으로 날아갈 수 있다. (이럴 때 클럽이 나와 맞지 않는다 라는 느낌을 느낄 수 있다) 자신의 라이각을 확인해 보려면 아이언 밑부분의 어느 부위가 많이 닳았는지 체크해 보면 알 수 있다.

헤드 토우 쪽이 많이 닳았다면 클럽이 너무 서 있으니 라이각을 낮추고, 헤드 힐 쪽이 많이 닳았다면 클럽이 너무 누워있으니 라이각을 높게 맞추면 된다.

라이각은 클럽의 번호가 낮아질수록 라이각이 작아진다. 다시 말하면 아이언 3번, 4번 일수록 샤프트가 지면과 가깝고, 8번~9번 일수록 샤프트가 수직에 가까이 있다고 보면 맞다.

3. 웨지(Wedge)

웨지의 사전적 의미는 '쐐기'다. 스코어를 결정짓는 마지막 한 방이라고나 할까? 골프백 속 14개의 클럽 가운데 통상 2개 이상의 웨지가 반드시 포함되는 것도 바로 이 때문이다.

아이언으로 그린에 볼을 올리지 못하고 그린 주변이나 그린벙커에 볼이 떨어졌을 때 최대한 핀에 가까이 붙이는 기술을 어프로치라 하고 그 때 사용하는 클럽을 웨지라 하며 또한 100m 이내 거리에서 핀에 근접하게 볼을 붙일 때 사용하는 클럽이다.

비거리보다는 정확성에 초점을 맞춘 골프채이기 때문에 볼에 스핀이 잘 걸릴 수 있도록 설계됐다. 웨지의 로프트는 48~64°까지로 다양한데, 각도에 따라 별칭이 각기 다르다.

48°는 피칭웨지(P/W)로, 50~52°는 갭웨지(Gap), 54~58°는 샌드웨지(S/W), 60~64°의 로프트를 가진 클럽은 로브웨지(Lob)로 불린다.

물론, 이 로프트에 따라 각 웨지의 역할도 달라진다.

프로들은 본인들이 선호하는 웨지들을 갖고 시합에 나오는데. 최소한 3개 정도의 웨지들을 갖고 나온다. 이는 거리의 편차를 5야드 이내로 콘트롤 할 수 있기에 가능한 것이고, 초보자나 아마추어 골퍼들은 대부분 2개를 사용하고 있는데, 대표적인 것이 52°와 56° 일명 샌드웨지라고 한다.

웨지는 그 기능적 특성상 어떤 클럽에 비하여 보다 정확한 거리계산과 절대적 방향성이 요구되는 클럽이며 이에 따른 로프트 별 클럽 선택 요령이 중요하다. 또한 웨지로 풀 샷을 하는 경우 클럽의 라이 각은 방향성에 절대적인 영향을 미친다.

전통적 웨지는 피칭웨지(P/W)와 샌드 웨지(S/W)로 구분 되어 지는데. 이때 두 클럽은 동일한 클럽 길이와 라이각을 유지하면서 로프트각과 헤드쪽에 무게 배분 즉 스윙 웨이트 및 바운스각을 서로 달리하여 제작 된다. 이때 로프트 각도를 살펴보면 일반적으로 피칭웨지는 46°에서 48°의 각도를, 샌드웨지는 56° 전후를 유지하여 탄도의 높낮이에 의하여 거리의 차이를 두고 사용된다. 그러다 보니 피칭과 샌드 웨지의 로프트(Loft) 차이가 많이 생기면서 그 중간을 메워주는 52°의 갭(Gap) 웨지 또는 어프로치 웨지가 등장하게 되었으며 또한 그린 주변에서 부드럽게 띄워서 바로 볼을 세울 수 있는 60°의 러브(Lob) 웨지가 등장하게 되었다.

즉 웨지의 종류는 로프트 각도의 차이에 따라 48° 전후의 피칭웨지(P/W), 52° 전후의 갭웨지(gap/w) 또는 어프로치 웨지(A/W), 56° 전후의 샌드 웨지(S/W), 그리고 60° 전후의 러브(Lob)웨지로 구분 되며 로프트각의 차이는 탄도에 영향을 주며 비거리에 영향을 주게 된다.

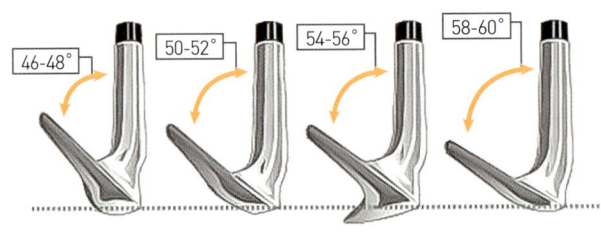

1) 웨지를 선택할 때 알아야 할 몇 가지

퍼터와 함께 골프 스코어의 70% 이상을 책임지는 중요한 클럽인 웨지를 구매할 때 고려해야 할 몇 가지를 정리해 보았다.

전통적으로 그린 주변에서 주로 사용하는 로프트 50° 이상의 아이언 클럽을 특별히 웨지라고 불렀다. 웨지란 용어가 공식적으로 처음 사용되기 시작한 것은 1928년 미국의 클럽제작자인 에드윈 맥클레인이 자신이 발명하여 특허를 받은 벙커 전용 클럽에 '샌드웨지'란 이름을 붙이면서부터다.

그전까지만 해도 벙커에서 샷을 할 때는 니블릭(niblick)이란 이름의 아이언 클럽을 주로 사용했는데 로프트가 40° 정도였다. 맥클레인이 발명한 클럽은 로프트가 니블릭보다 훨씬 컸을 뿐 아니라 헤드가 모래에 박히지 않도록 바닥부분(소울)을 넓게 설계해, 옆에서 보면 마치 쐐기 모양처럼 생겼기 때문이다.

골프에 입문할 때 보통 풀세트로 클럽을 구매하다보니 많은 골퍼들이 아이언클럽 세트에 기본 포함된 피칭웨지(P), 샌드웨지(S)만 갖고 있는 경우가 많다. 하지만 피칭웨지와 샌드웨지의 로프트 차이가 6°- 9° 정도로 거리 편차가 커 중간 정도의 거리를 남겨놓았을 경우 클럽 선택에 어려움이 발생한다.

또 그린 주변에서 볼을 세우기 위해 높은 탄도로 샷을 할 때 보통 샌드웨지를 많이 사용한다.

잔디가 무성한 계절에는 상관없지만 잔디가 시들거나 죽어있는 초봄이나 늦가을에는 거의 맨땅이나 다름없는 타이트한 라이로 바뀌기 때문에 바운스가 큰 샌드웨지로 샷을 할 경우 탑볼이 나올 가능성이 높다.

바운스란 벙커 탈출을 쉽게 하기 위해 헤드 바닥을 볼록하게 만든 것을 말한다.

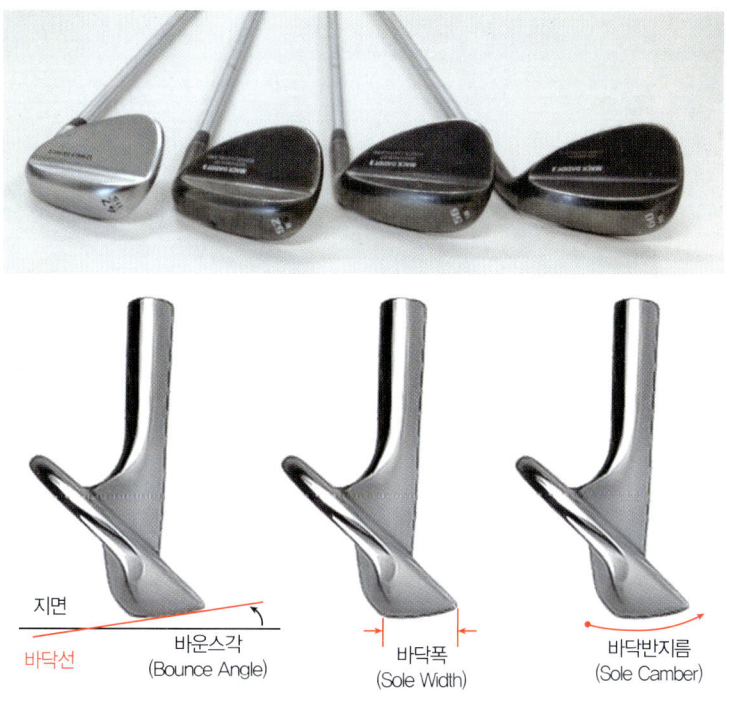

2) 헤드가 모래가 박히지 않도록 바닥부분을 아래로 볼록하게 만든 바운스

통계에 따르면 골프 스코어의 80% 이상은 그린 주변 100야드 이내에서 결정된다. 웨지는 골프백의 14가지 클럽 중 퍼터와 더불어 골프 스코어에 가장 큰 비중을 차지한다고 해서 스코어링 클럽(scoring club)이라고도 부를 만큼 중요한 클럽이다. 사용빈도가 높다보니 마모가 심해 시즌 중엔 웬만해선 클럽을 잘 바꾸지 않는 프로선수들도 웨지만큼은 최소한 2-3개월에 하나 정도씩 교체한다.

따라서 골프에 처음 입문하는 초급단계라면 모를까 100타를 깨고 보기 플레이어 이상으로 나아가는 시점이라면 가급적 전문 웨지를 구입하는 것이 좋다. 웨지를 고를 때는 소재, 바운스, 로프트, 스윙 웨이트 등을 자신에게 맞게 신중히 고려해야 한다.

4. 클럽의 선택

대부분의 골퍼들은 클럽 선택에 있어서 고민을 많이 한다.

어떤 종류의 드라이버와 아이언 클럽을, 샤프트는 스틸(Steel)로 혹은 그라파이트(Graphite)로, 강한 것 아니면 약한 것 등 모르는 것 궁금한 것이 많고, 결정할 것도 많다.

클럽의 세팅에는 하프세트와 풀세트가 있는데 하프세트는 우드 1번과 3번과 아이언 3번, 5번, 7번, 9번 그리고 샌드웨지와 퍼터의 8개로 구성된다. 풀세트는 14개로 구성되는데 그 14가지 클럽의 선택은 자유이다. 시중에서 시판되는 풀세트는 우드 1번에서 5번 중 4개와 아이언 3번에서 9번, 피칭웨지, 샌드웨지, 퍼터로 구성되어 있다.

골프를 처음 배우고자 하는 사람이 필자에게 질문한다.

어떤 클럽을 선택하는 것이 좋은가? 하고 물어보면 필자의 답은 "주변에서 얻어서 시작 하세요" 이것이 답이다.

많은 사람들이 고가의 골프클럽을 구입해서 시작했다가 금방 실증내고 그만 두는 경우도 많이 봤고, 값싼 클럽을 사서 하다가 값싼 클럽이라고 무시 하고 쉽게 남에게 주는 경우도 많다.

꼭 새 클럽이 좋은 것만은 아니며 주변에서 거져 줄 사람이 없는 초보자는 값싼 중고 클럽을 구입한 후 열심히 연습하고 기술을 익힌 다음 실력이 향상되었을 때 자신의 신체조건과 스윙스피드 등을 고려해 구입하는 것이 좋다.

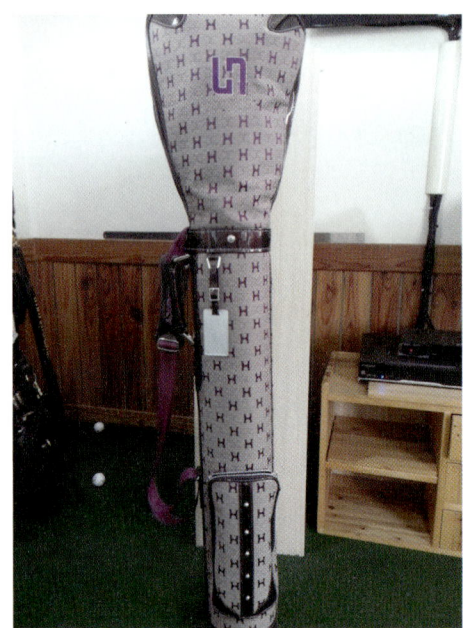

하프백

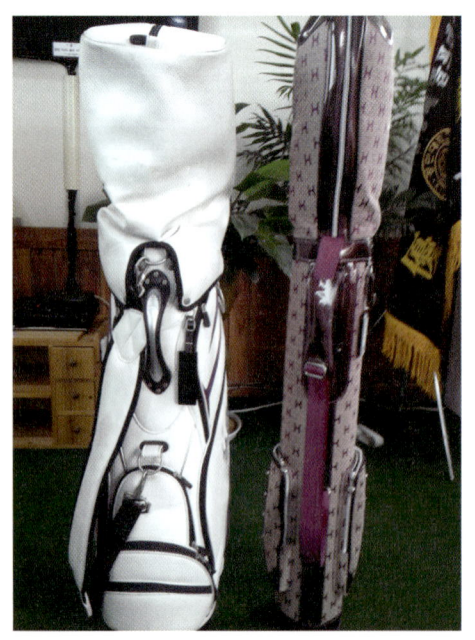

풀세트백과 하프 백

그 중고 클럽도 처음 출시 될 때에는 최고의 클럽이었다.

통상 샤프트의 구분은 만드는 회사마다 다르지만 초보자는 보통 L, R, SR, S까지만 구분하고 남자 아마추어는 R을 사용하고 여성은 L을 사용하면 된다. 주니어나 체중이 많이 나가거나 나이 많은 사람은 프로와 상의해서 선택하는 것이 좋다.

그 외에도 스윙 웨이트 등은 상급자용 책에서 다루도록 한다.

골프가 익숙해지고 스윙의 틀이 잡히고 필드를 다니기 시작하면 새로운 클럽에 눈과 마음이 간다. 실력이 향상되었다고 판단되었을 때 클럽 선택은 자신의 체형과 스윙에 적합한 것이 좋다. 먼저 자신의 스윙 스피드와 궤도, 로프트와 라이, 탄도 등을 고려하여 전문가에게 일임하는 것이 좋다.

5. 퍼터

퍼터는 볼을 굴려 컵에 넣을 때 쓴다.

골프백 속 14개 골프 클럽 가운데 유일하게 컵에 볼을 직접 넣기 위한 용도로 제작된 클럽이자 라운드 중 가장 많이 사용되는 클럽. 바로 퍼터다. 보통 한 라운드에서 전체 스코어에서 퍼터의 비중이 40%가 넘는다. 하지만 이런 퍼터의 중요성에도 불구하고 일반 주말 골퍼들의 퍼터에 대한 지식은 드라이버나 아이언 클럽에 비해 상대적으로 매우 적은 편이다.

실제로 드라이버나 아이언 클럽의 경우 길이를 비롯해 샤프트 강도, 토크, 벤딩 포인트 등은 기본이고 헤드 디자인이나 관성 모멘트, 스윙 웨이트 수치까지 꼼꼼히 챙기면서도 정작 퍼터를 구매할 때는 브랜드나 디자인 외에는 크게 따지지 않고 구매하는 경우가 많다. 사정이 이렇다보니 자신에게 맞지 않는 퍼터를 사용하는 골퍼들도 의외로 많다. 바꾸어 말하면 스코어에서 퍼팅이 차지하는 비중을 볼 때 퍼터 하나만 잘 골라도 꽤 많은 타수를 줄일 수 있다는 말이다.

퍼터는 경사각도가 $4°$를 넘지 않는 클럽으로서, 퍼팅 그린에서 사용하도록 고안된 것이다. 퍼터의 샤프트와 넥, 소켓은 헤드의 한 지점에 고정되어 있어야 한다.

1) 퍼터의 분류

(1) 헤드 모양에 의한 분류

크게 전통적인 블레이드형(일자형)과 말렛형(반달형)으로 나뉜다. 투 볼 퍼터 이후 말렛형은 사다리형, 파이프형 등으로 다양화됐다. 말렛형 퍼터는 헤드가 길어 타깃을 조준하기 편하고, 무게중심이 페이스에서 멀어 초보자에게 유리하다. 블레이드형은 미세한 거리감이 필요할 때 유리하다.

블레이드(일자형)퍼터는 한손으로 들고 균형 잡고 있을 때 헤드가 45˚ 정도 돌아가거나 페이스가 거의 수직으로 서버리는 이러한 형태인데 이러한 형태를 토우 밸런스 퍼터라고 한다.

블레이드(일자형, 힐 토우) 퍼터

다시 말해 퍼터의 뒷면 힐 쪽에 무게가 더 실려 있고 앞면부분이 가벼워 퍼팅을 할 때 토우(퍼터의 앞면부분)쪽이 돌아가고 힐(퍼터의 뒷면부분)은 그대로 있게 된다.

이런 형태의 퍼터는 정교하게 퍼팅을 원하시는 분에게 적절하며 경사면이나 다양한 퍼팅스트로크를 구사하기 쉽다.

골프 초창기에는 오직 한 가지 형태의 퍼터, 즉 블레이드 퍼터뿐이었다. 이 형태는 아

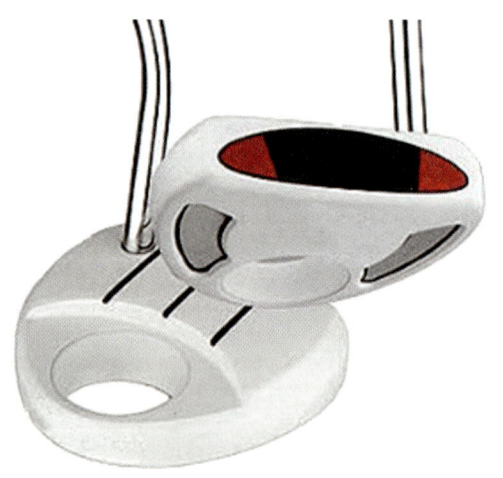

말렛(반달형) 퍼터

주 단순하며 퍼터 제조업자들이 좀 더 세련된 모델로 시장을 공략하기 전까지 전체 골프시장을 장악하던 가장 오래된 모델이었다. 골퍼들에겐 사실 더 어려운 형태의 퍼터일 수도 있으나, 이런 형태가 본인에게 잘 맞는다면 계속 사용하는 것도 좋을 것이다.

말렛(반달형) 퍼터는 한손으로 들고 균형을 잡고 있을 때 퍼터페이스가 하늘을 향하고 있으며 퍼터의 앞 쪽과 뒷 쪽의 무게가 균등하게 배분되어 있다.

이는 퍼팅스트로크를 할 때 페이스가 돌아가지 않게 잡아주며 일직선으로 퍼팅하는 방향

그대로 가게끔 도와준다.

한마디로 퍼팅하는 방향 그대로 틀어지지 않고 간다는 말이지만 정교한 샷이나 경사면에서 블레이드(일자형)보다 다양한 스트로크를 구사하기 어려운 점이 있다.

(2) 퍼터 넥 부위에 따른 분류

■ 플럼버 넥

헤드가 샤프트에서 적당히 뒤로 밀려 있는 오프셋 형태의 종류이기 때문에 관용성이 있어 다루기 쉬운 것이 특징이다. 모든 면에서 무난한 성능을 보이며 일반적으로 많이 쓰는 디자인이기도 하다. 특히 인사이드-스퀘어-인사이드의 스윙패스를 지닌 골퍼에게 좋은 퍼터다.

플럼버 넥

■ 플레어 팁 넥

플럼버 넥에 비해 오프셋이 적은 편이라서 좀 더 많은 양의 릴리스를 필요하다. 때문에 인사이드-스퀘어-인사이드의 스윙패스를 강하게 구사하거나 공을 안에서 밖으로 밀어내는 골퍼에게 적합한 퍼터이다. 그리고 플레어 팁 넥의 헤드는 주로 일자형인 블레이드 형태에 주로 접목되어 있다.

플레어 팁 넥 (구스넥)

■ 노 호젤 넥

반달형 헤드인 말렛에서 흔히 볼 수 있는 형태이다. 페이스의 밸런스가 잡혀 있는 퍼터들의 특징이기도 하다. 퍼터를 손가락 위에 올려놓고 무게 중심을 잡아 주면 클럽의 페이스가 똑바로 하늘을 쳐다보는 것을 확인 할 수 있다. 이 특성은 퍼터가 일자 스윙패스를 쉽게 가지도록 해주는 역할을 한다. 스트록이 앞 뒤로 똑바른 골퍼에게 추천한다.

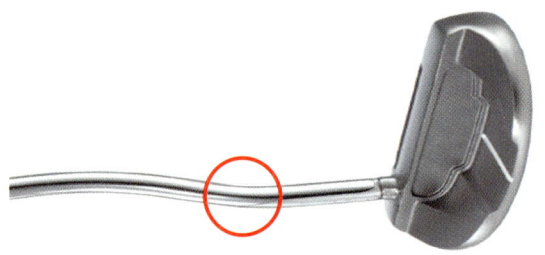

노 호젤 넥

■ 롱 호젤 넥

플럼버 넥과 생김새가 비슷하지만, 페이스의 밸런스가 더 강화된 것이 특징인 퍼터 넥이다. 단, 퍼팅 느낌이 다소 독특한 퍼터들이 많기 때문에 한번쯤 시타 해보고 구매하기길 권장 한다.

롱 호젤 넥

■ 슬랜트 넥

플럼버 넥의 특징인 오프셋이 더 강화된 형태다. 손이 공 앞에 맞을 수 있는 셋업과 공을 올려 치는 업워드 스트로크 타입의 구현이 더 쉽다.

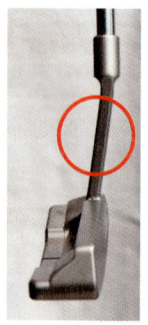

슬랜트 넥

■ 스트레이트 넥

샤프트가 헤드 중앙에 위치해 있어 구분이 아주 쉽다. 이러한 형태는 좀 더 플랫(Flat)한 라이 앵글과 손이 낮아지는 셋업의 구현을 가능하게 해줄 뿐만 아니라, 공을 더 민감하게 컨트롤 할 수 있도록 도와준다. 어떻게 말하면 치기 어렵다고 할 수 있겠으나 로우 핸디캡골퍼에게는 보다 나은 감을 주는 퍼터가 될 수도 있다.

◆ 혼동하기 쉬운 페이스와 헤드
　퍼터 페이스 : 볼을 치는데 사용되는 옆면
　퍼터 헤드 : 퍼터 페이스를 포함한 클럽의 헤드 전체를 말함

스트레이트 넥

(3) 퍼터 구매요령

■ 헤드 형태

입문자나 초보자에게 말렛(반달형)을 추천한다. 퍼팅에 대해 미숙한 상태이면 정교한 샷을 요구하는 블레이드(일자형)은 부담을 주며 원하는 방향으로 안갈 수 있기 때문이다. 블레이드(일자형)은 상급자나 퍼팅에 어느 정도 감이 온 중급자 수준골퍼에게 추천한다.

(4) 일자형 퍼터와 반달형 퍼터의 장단점

일자형 퍼터인 블레이드형 퍼터는 거리감 조절은 뛰어나지만 미세한 스트로크의 실수에도 방향이 빗나가기가 쉽다. 그에 반면 반달형 퍼터인 말렛형 퍼터는 양쪽 무게가 균등해 페이스가 돌아가지 않도록 잡아주기 때문에 방향성을 유지하기에는 좋지만 전체적인 퍼터의 무게감 때문에 거리감 조절이 약하다. 따라서 정교한 퍼팅 스트로크 능력이 있는 골퍼에겐 일자형 퍼터가, 퍼팅 할 때 당기거나 밀리는 현상이 있는 골퍼에겐 반달형 퍼터를 사용하는 것이 적합하다.

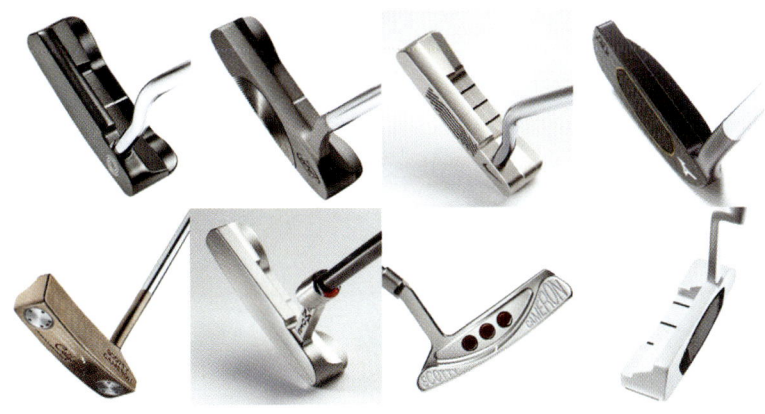

최근 출시된 다양한 블레이드 퍼터들

초보자나 보다 안정적인 퍼팅을 원하는 골퍼들에게 적합한 다양한 디자인의 말렛형 퍼터들

퍼팅 시 목표 조준과 정렬을 하기 쉽게 만든 투 볼 퍼터와 고스트 퍼터

일명 파이프 퍼터 : 볼을 조준하기가 용이하다

■ **퍼터그립**

초보자 경우 너무 얇은 그립 보다는 두꺼운 그립을 추천한다. 자신도 모르는 사이 퍼팅 시 손목에 부담이 가서 원하는 방향으로 가지 않을 수 있기에 그립은 교체가 쉬우니 추후 다른 그립으로 사용하면 된다.

퍼터의 그립은 각기 장단점이 있지만 두꺼운 그립의 경우 손목이 자신도 모르게 움직이는 것

을 최대한 방지하지만 퍼팅에 대한 감각을 전달하는 것에 있어서는 무딘 게 단점이다.

반면 얇은 그립은 퍼팅의 감각전달에 용이한 점이 있다.

6. 골프 볼

1) 골프 볼의 역사

최초의 골프 볼은 과연 무엇이었을까? 기록을 찾아보니 12세기 무렵 유럽에서는 너도밤나무 혹은 느릅나무 등을 동그랗게 깎아 만든 나무 골프 볼을 사용했다고 한다. 물론 그 외에도 다양한 형태의 골프 볼이 있었겠지만, 지금까지 전해져오는 것은 역시 나무 볼 밖에 없다. 하지만 나무 볼은 만들기도 힘들었을 뿐만 아니라 여러 가지 한계를 지니고 있었다. 그래서 스코틀랜드 골퍼들은 많은 고민 끝에 새로운 볼을 선택했다. 바로 가죽에 거위 털을 넣어 만든 '페더 볼(Feather Ball)' 시대가 열린 것이다.

겉은 가죽 속은 거위 털을 가득 채운 페더 볼. 하지만 거위 털이라고 절대로 만만하게 볼 것은 아니었다. 이렇게 작업해 잘 말리면 가죽의 수축으로 아주 단단해졌다고 한다. 여기에 색칠을 하면 번듯한 골프 볼이 되는 것. 그러나 페더 볼은 모든 공정이 수작업이었다. 한 명의 숙련공이 하루 기껏해야 10개도 못 만들 정도. 하지만 페더 볼은 드라이버 비거리가 200야드에 이를 정도로 성능은 우수했다고 한다. 그러나 안타깝게도 페더 볼은 물기에 너무 약했고 변형이 쉬워 골퍼들은 다른 볼의 출현을 기다리게 된다.

페더 볼의 약점을 딛고 탄생한 것이 바로 '구타페르차(Gutta-Percha) 볼'이다. 야생식물에서 추출한 고무질로 만든 볼로 대량생산이 가능해졌고 무엇보다 딤플이라는 중요한 기술의 접목을 이끌어냈다는 공을 세운 볼이다. 물기에 강했기 때문에 공식 대회에서 크게 활약했다. 대량생산을 위해 몰드 공법이 도입되었고, 선수들이 볼에 상처가 날수록 비거리가 늘어나는데서 힌트를 얻어 딤플이라는 기술이 탄생하기에 이르렀다.

근대에 접어들면서 골프는 가히 용품의 혁명 시대를 맞게 된다. 고무 코어 볼의 등장이 그 출발점. 러버 코어 혹은 발라타 볼이라고 불리는 고무 코어 볼은 소재와 구조가 기존 볼과는 완전히 달랐다. 동그란 고무 볼에 고무 실을

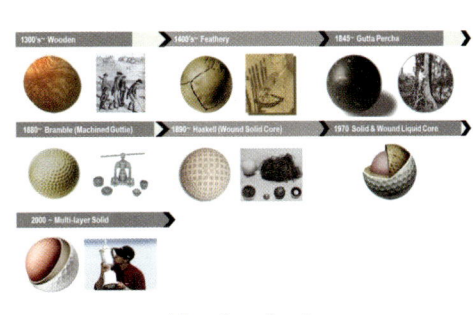

blog.nikegolf.co.kr

팽팽하게 감고 그 위에 발라타 소재로 마감한 현대적인 골프 볼의 원형이라고 할 수 있다. 고무 코어 볼과 발라타 그리고 딤플이 합쳐지면서 현대 골프의 새로운 시대가 열리게 된 것. 이후 커버를 이중으로 혹은 삼중으로 하는 등의 기술 개발이 경쟁적으로 이뤄지면서 골프 볼은 매년 새로운 혁신을 거듭하게 된다.

2) 골프 볼 속에는 무엇이 들어 있나?

애초의 골프 볼은 클럽으로 칠 만한 사이즈의 돌멩이 대용이었다. 나무나 가죽으로 만들었다가 오래 쓸 수 있는 고무로 만들었고 좀 더 탄력이 있게 하기 위해 고무줄을 감았다. 현재의 골프 볼은 더 이상 고무를 감아 놓은 구식이 아니다. 합성고무와 화학물질을 이용해 첨단 기술을 켜켜이 쌓아 놓은 다층 구조물이다. 보통 코어와 커버로 이루어져 있고, 몇 겹으로 이루어졌는가에 따라 2피스, 3피스, 4피스로 나누어진다(현재 5피스도 출시되었다). 3피스의 경우는 커버가 두 개인가, 코어가 두 개인가로 나누어지고, 그 재료로 어떤 소재를 사용하느냐에 따라 볼의 성질이 달라진다. 그리고 코어의 압축강도에 따라 스핀의 강도와 느낌의 강약이 결정된다. 압축이 클수록 단단하며 볼의 속도가 빨라진다. 다른 성질의 코어 층과 커버 층을 배치함으로써 비거리를 만족하는 딱딱함과, 컨트롤 능력과 타구감을 높여 주는 부드러움이 공존하게 되었다. 타구감과 스핀양은 클럽이 직접 닿는 외피(커버)가 좌우하므로 현재 기술발달이 가장 활발히 진행되고 있는 부분이 외피다.

시중에는 수 십 가지의 골프 볼이 판매되고 있다. 몇몇의 제조사들은 24가지씩이나 되는 골프 볼의 종류를 내놓고 있는 반면 다른 곳들은 두 어 가지의 종류에 그들의 명성을 걸고 있기도 하다.

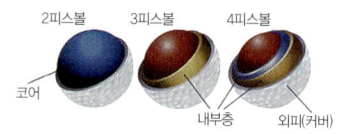

http://sports.news.naver.com/golf/news/read.nhn?oid=079&aid=0000128173

각각의 제조사들에게 요구되는 유일한 사항은 미국골프협회에서 제정한 볼의 크기나 무게 그리고 소재의 기준에서 벗어나지 않아야 한다.

소재나 디자인의 특징들은 각각의 볼을 독특하게 만든다.

왜냐하면 매 샷마다 다른 볼을 사용해서는 안 될 뿐만 아니라, 메탈우드의 고속충격에도 잘 견디어 내고 그린 주위에서의 유연한 어프로치샷에 적절히 반응하며, 컵 속으로 잘 굴러들어 갈 수 있도록 충분히 다재다능해야 하기 때문이다. 골프 볼을 선택하는 것은 순전히 개인적인 취향에 달려있다.

어떤 브랜드는 프로선수들에게 더 인기가 있기도 하지만 그것이 소위 주말골퍼들에게도 잘 맞을 것이라는 것을 의미하는 것은 아니다. 어떤 볼은 비거리향상이나 제구력 등을 위해 특별히 제작되어지기도 한다. 골퍼들은 볼에 문제가 생기거나 잃어버릴 경우를 대비해서 한 라운드에 적어도 10개 정도의 볼을 가지고 나간다. 고수나 로우 핸디 골퍼들이 자신에게 가장 잘 맞는다고 생각되는 브랜드를 고집하기도 한다.

동반자와 동일한 브랜드를 사용할 경우를 대비해서 구별하기 위해 볼에는 숫자가 새겨져 있다.

■ 선택가이드
- 2피스 볼 : 커다랗고 견고한 알맹이가 들어있으며 실리콘으로 커버되어 있으며, 비거리와 내구력을 향상시킨다. 2피스 볼은 일반 아마추어가 많이 사용한다. 2피스 볼은 탄도가 높고 회전량이 적어 거리가 많이 나고 런도 많다.
  하지만 3, 4피스 볼에 비해 상대적으로 컨트롤이 어렵고 딱딱한 느낌을 갖고 있다.
- 3피스 볼 : 작고 견고한 액체로 된 알맹이를 탄력적인 소재로 둘러쌓아 감은 후, 다시 전체를 부드러운 발라타 고무로 커버했다. 백스핀과 제구력이 뛰어나다. 3피스 볼은 주로 로우 핸디 아마추어나 투어 프로들이 많이 사용한다.
  두 겹의 커버로 인해 클럽과 접촉시간이 길어 컨트롤과 방향성이 뛰어나기 때문이다.
- 4피스 볼 : 투어 프로를 위해 개발된 볼로 드라이브샷을 할 때는 회전량을 줄여 비거리를 늘리고 숏 아이언 샷에는 거꾸로 회전량을 증가시켜 컨트롤과 방향성을 높인 고난도의 볼이다.

특히 최근 나온 3피스 볼은 2피스 볼의 장점인 비거리 성능까지 강화된 제품이어서 골퍼들을 사로잡고 있다.

그러나 이제 시작하는 초보자나 상당한 고수의 아마추어들도 볼의 미세한 차이를 느끼지 못하고 그냥 라운드 하고 있다. 여기서 종류를 설명했을 뿐 큰 의미를 두지 말자. 사계절이 나뉘어 있는 한국 골퍼들은 볼을 선택할 때 골프볼의 '단단한 정도'도 봐야 한다. 컴프레션은 힘을 가했을 때 변형되는 경도를 의미한다. 일반적으로 골프볼은 80~100 정도의 수치로 컴프레션을 표시하는데 숫자가 클수록 경도가 세고 반발력이 뛰어나 비거리가 많이 난다. 반대로 숫자가 작은 볼은 경도가 약해 컨트롤과 방향성이 우수하나 비거리가 떨어진다. 날씨가 추운 겨울철에는 골프볼의 강도가 조금씩 높아지므로 겨울 라운드에는 부드러운 볼을 사용하는 것이 좋다. 골프볼을 선택할 때는 자신에게 맞는 제품을 찾는 것이 가장 중요하다. 예를 들어 초보자는 비거리에 초점을 맞춰 2피스로 설린 재질 커버의 컴프레션이 높은 골프볼을, 상급자는 컨트롤과 방향성을 충족시켜 줄 수 있는 3피스 이상으로 우레탄 커버의 컴프레션이 낮은 골프볼을 선택하는 것이 효과적이다.

■ 코어(핵)

견고한 코어는 고력의 고무나 저항력이 비슷한 혼합물로 만들어 진다.

크고 견고한 코어는 비거리를 향상시키는 2피스 볼에서 찾아볼 수 있다.

좀 더 작은 이러한 견고한 코어는 향상된 타구감과 제구력을 위한 3피스 볼에서 볼 수 있다. 다른 3피스 볼은 타구 시 탄도를 줄이고 감을 극대화시킬 수 있도록 액체로 가득 찬 내부 코어를 가지고 있기도 하다. 이러한 볼은 그린 주위에서 보다 정확한 정밀도를 줄 수 있도록 볼이 회전하는 특성을 가지고 있다. 마치 지구와 같이 골프 볼은 그 코어(중심핵)로 부터 에너지를 받게 되는 것이다.

■ 커버

써린은 모든 2피스 볼과 일부의 3피스 그리고 다층으로 된 볼을 감싸고 있는 내구력이 있고 저항력을 줄일 수 있는 소재이다.

써린볼은 일반적으로 더 멀리 나아가고 발라타 고무로 감싸여진 볼보다 덜 회전한다. 일부의 써린은 제구력을 높일 수 있도록 더 부드러운 커버를 만들기 위해 다른 소재들과 혼합되기도 한다.

발라타 고무로 커버된 볼은 더 부드럽고, 따라서 더 잘 긁히고 상처가 나기 쉬우나 강화된 감을 가질 수 있다.

■ 딤플

일반볼의 딤풀모양

갤러웨이社 딤풀모양(크고 육각)

모든 골프 볼은 제조업체마다 다소의 차이가 있지만 약 300~500개 정도의 딤플을 가지고 있다.

딤플 모양과 깊이는 볼이 잘 맞았을 경우 (회전이 아닌) 볼의 공기역학에 영향을 줄 수 있다. 크고 깊은 딤플은 탄도를 높이고, 작고 얕은 딤플은 탄도를 낮추는 역할을 한다.

■ 콤프레숀(압축)

볼은 임팩트 후 잠깐 동안 원형에서 타원형으로 그 모양을 변환시킨다.

견고한 코어의 볼은 80, 90 또는 100 콤프레숀(압축)까지 가장 부드러운 것부터 가장 딱딱한 것까지 등급이 나뉘어져 있다.

콤프레숀(압축)이 비거리에는 영향을 미치지 못할지라도 볼이 클럽헤드에 맞는 순간의 감각에 영향을 준다. 대부분의 프로선수들은 콤프레숀(압축)이 100인 바위같이 딱딱한 볼을 선호한다.

그러나 초보자나 아마추어들은 더 부드럽고 콤프레숀(압축)이 낮은 볼을 사용해야 할 것이다. 골프볼 종류는 코어와 커버가 몇 겹으로 만들어지는가에 따라 나누어진다.

필자가 추천하는 골프볼은 2피스의 골프볼이다.

아~~ 물론, 만약 비거리가 어느 정도 나오는 아마추어라면, 본인이 직접 골프볼을 선택하는 게 맞다. 하지만 골프를 배운지 얼마 안 되는 초보자의 경우, 일단 2피스 골프볼을 써야 비거리가 어느 정도 확보된다.

즉, 비거리로 고민하는 초보들에겐 3피스를 처다 볼 이유가 없다. 또한 2피스 볼이 훨씬 싸기도 하다.

만약 초보자가 필드를 나간다면 로스트볼을 권한다.

많이 잃어버리고, 물에 빠뜨리고 하는데 새 볼을 사용할 이유가 없다. 골프용품점에 가면 아주 싸게 구입 할 수 있는 로스트볼로 마음껏 샷을 해보도록 권하고 싶다.

골프를 하시는 분이라면 골프볼과 골프클럽은 기본이다. 필드를 나간다면 골프볼도 사야 한다. 골프볼은 종류도 많고 가격도 다르기 때문에 초보자는 공을 잃어버리기가 쉬운데 비싼 골프볼을 자주 잃어버린다면 여간 낭패가 아니다. 비싼 경우는 1개가 5천 원 이상 하기 때문이다.

로스트볼이란? 바로 이런 잃어버린 골프볼을 주워서 모아 저렴하게 판매하는 제품을 말한다.

일반적인 새 제품이 개당 5천원에서 6천원 사이라면 이런 로스트볼은 가격이 1천원 이하이다.

필드에서 볼을 자주 잃어버리는 초보자라면 익숙해 질 때 까지 이런 로스트볼로 연습 하는 것도 좋은 방법인 거 같다.

왜냐하면 일반적인 새 볼로 사용 할 경우 거의 2~3개 잃어버린 면 통닭 한 마리 씩 날라 가는 비용이다.

로스트볼의 경우에도 구매할 때 유의할 점이 있다.

크게 종류가 재생 볼과 비 재생 볼 두 가지가 있는데 재생 볼의 경우는 다시 코팅을 하기 때문에 기존보다 성능이 많이 떨어진다. 차라리 아무 가공이 되지 않은 비 재생 볼이 더 좋다.

어디로 갈지 몰라 내 속을 애태우는 그대. 작지만 누구보다 단단한 그대.

그 이름은 바로 '골프 볼'이다. 겉보기엔 단순한 골프 볼이지만 골프에 나름 일가견이 있다는 사람들도 골프 볼에 관해서는 모르고 있는 사실들이 많은데 골프 볼에 관한 오해와 진실을 파헤쳐 보자

3) 오래된 골프볼은 성능이 떨어진다?

골프볼이 제작된 지 2~3년만 지나면 성능이 저하된다는 루머와 달리 최근 골프볼의 수명은 꽤 길다. 보관만 잘하면 적어도 8년, 길게는 10년까지 성능이 유지된다는 것이 전문가들의 의견이다. 코어를 실로 칭칭 감아 볼의 내부를 제작했던 과거 와운드 볼의 경우 오래되면 코어를 감고 있던 실이 느슨해져서 성능이 저하되는 경우가 많았지만, 최근 솔리드 코어 볼은 상온에서 보관만 잘하면 성능이 떨어지지 않는다.

하지만 자동차 트렁크 속에서처럼 볼이 열을 많이 받게 되면 압축강도에 상당한 변화가 일어나게 된다. 낮에는 트렁크 온도가 섭씨 60도 이상 되기 때문에 볼이 미세한 변형을 일으킬 수 있고, 반대로 추운 겨울에 언 볼은 비거리에서 손해를 볼 수 있다. 기온저하로 물성에 변화가 생긴 코어는 10시간이 지나야 원상태로 회복된다. 골프볼이 제 기능을 발휘할 수 있는 적정 수명은 상온에서 보관할 경우 10년 정도라고 하지만 아주 서서히 거리와 성능이 줄어들기 때문에, 보기플레이 주말골퍼 일지라도 5년 이상 된 볼의 사용은 자제하는 것이 바람직하다.

더군다나 10년이 경과한 볼은 이미 골프볼 자체의 소성변형이 진행되어 비거리에서 많은 차이가 난다.

결론적으로 말하면 상온에서 보관해야 하고 볼은 필요할 때 조금씩 사서 바로 사용하는 것이 좋겠다.

초보자는 볼의 변형을 느낄 수 없기 때문에 오래되었더라도 잃어버린다 생각하고 필드에 가서 사용해도 무방하다.

4) 컬러볼은 성능이 떨어진다?

이제는 골프볼 시장에서 완전히 자리를 잡은 컬러 볼의 성능에 대해 아직도 의구심을 가지는 골퍼들이 많다. 그러나 이들이 반드시 알아야 할 것은 골프볼에 있어 특정한 한 가지 요소가 퍼포먼스나 비거리에 결정적인 영향을 끼치지는 않는다는 것이다. 특히 컬러 볼은 기본적인 색상은 물론 커버를 코팅하면서 펄 도료를 사용해 반짝거리는 빛이 나긴 하지만 이것은 성능과 구질에 영향을 미치지 않는 미적 요소일 뿐이다. 게다가 컬러 삽입의 효과는 퍼포먼스보다는 골퍼의 심리적인 면에 도움을 주는 것이다. 컬러 볼은 단순하게 생각하면 그저 색만 다른 것일 뿐 성능과는 아무 관련이 없다.

오히려 '겨울 골프'에서는 컬러 볼을 사용하면 여러모로 유리한 점이 많다. 라운드 중 볼을 분실하면 2타 손해로 이어지기 때문에 멀리서도 쉽게 확인할 수 있는 컬러 볼을 사용하는 것이 유리한 것이다. 눈이 오는 날이나 어두컴컴한 시간대에 컬러 볼의 효용은 더욱 커진다고 할 수 있다.

5) 다양한 종류의 골프 볼을 섞어 써도 상관없다?

골프는 스포츠 가운데 가장 많은 종류의 장비를 다루기 때문에 그만큼 다양한 변수가 발생하고 이 변수를 줄이기 위해 일관성 있는 플레이가 필요하다. 일관된 플레이를 위해서는 당연히 골프볼 사용도 일관되게 하는 것이 좋겠지만, 초보자나 아마추어골퍼의 경우 선물용 볼이나 로스트 볼을 무분별하게 섞어서 사용하는 사람이 많다. 하지만 여러 종류의 볼을 사용하면 그만큼 경우의 수가 늘어나기 때문에 일관된 샷과 퍼포먼스를 발휘할 확률은 더 줄어들게 된다. 다시 말해서 낮은 스코어를 내려면 일관성 있는 플레이가 수반되어야 하고, 그러기 위해서는 경우의 수를 줄여가는 것이 필요하다. 따라서 일관성 있는 플레이를 위해 되도록이면 한 라운드 동안 한 가지 골프볼을 사용하는 것을 권한다. 그러나 초보자는 볼이 갖고 있는 특성을 느낄만한 스윙을 하기 어렵기 때문에 상당한 고수가 될 때까지 생기는 대로 사용해도 된다.

6) 골프 볼에 표기된 숫자의 의미는?

어떤 골프 볼 이던지 볼에는 숫자가 쓰여 있다. 이 숫자는 골프 볼의 제조회사에 따라 쓰여진 모양과 숫자의 크기, 그리고 숫자의 색깔이 다른데 주로 사용되는 숫자는 1,2,3,4이고 일부 제조업체는 더 큰 수를 사용하기도 한다. 일반적으로 숫자 4는 좋지 않은 의미로 여겨지기 때문에 0,1,2,3로 번호를 표시하기도 한다. 사실 볼에 표기된 숫자에 특별한 의미가 있는 것은 아니다. 이는 단지 동반자와 동일한 메이크를 사용할 경우 식별을 위해 쓰여 진 것이다.

볼에 300이상의 숫자가 쓰여 진 경우를 볼 수도 있는데, 이는 딤플의 수를 나타내는 것으로 딤플의 수는 볼의 플라이트나 탄도에 영향을 준다. 이 수치가 큰 경우는 딤플의 크기가 작다는 것을 의미하고, 딤플과 딤플 사이에 크기가 작은 딤플이 채워져 있음을 의미하기도 한다. 하지만 딤플의 수가 많은 것이 더 좋은 볼을 의미하는 것은 아니며 볼이 더 멀리 날아감을 의미하는 것도 아니다. **또 골프볼의 강도에 따라 숫자의 색깔이 달리 표기되는데 소프트볼은 녹색, 중간 강도는 붉은색, 강한 하드볼은 검은색으로 숫자를 표기한다.**

7) 골프볼의 딤플은 모양이 똑같을까?

물론 메이커마다 모두 제각각이다. 먼저 골프 볼이 울퉁불퉁한 이유부터 알아보자. 애초에는 매끈했지만 "상처 난 볼이 더 멀리 날아간다"는 사실을 우연히 알게 된 후부터 본격적인 딤플 개발이 시작됐다.

지금의 드라이버로 과거의 딤플 없는 볼을 치면 비거리가 절반으로 줄어들 정도의 획기적인 기술이다. 당연히 딤플의 모양이나 개수도 서로 다르다.

딤플은 골프 볼의 비행에 가장 중요한 요소다. 공기저항을 감소시켜 멀리 날아가는 기능이다. 볼 뒤쪽에 생기는 소용돌이가 공기의 압력이 내려 볼을 뒤쪽으로 잡아당기는 저항력을 만든다. 딤플이 바로 이 저항력을 막아준다. 메이커들은 그래서 딤플 커버리지(딤플 면적)를 높이는데 주력했다. 보통 볼의 전체 면적에서 딤플이 차지하는 면적이 높을수록 공기 저항이 낮아져 비거리가 늘어난다.

당연히 "딤플이 많을수록 좋은 볼"이라고 생각하기 쉽다. 볼 1개에 350개~400개 정도가 들어간다. 하지만 딤플 개수가 많다고 해서 무조건 면적이 넓어지는 건 아니다. 캘러웨이에서 벌집모양의 육각딤플을 개발한 이유다. 딤플이 어우러져 빈틈없이 커버한다는 설명이다. 최근 출시된 던롭의 '젝시오 XD-AERO'는 아예 원이나 육각형이 아닌 비 원형 딤플을 선택했다. "딤플 점유율이 10%나 늘어났다"는 자랑이다.

타이틀리스트 김모 홍보팀장은 그러나 "딤플 커버리지도 중요하지만 많은 딤플을 일관성 있게 배치하는 게 더욱 중요하다"며 "지름 4.3㎝에 불과한 작은 볼 안에 무작정 많은 딤플을 채우다보면 대칭축이 사라진다"고 했다. "골프볼 성능을 평가하는 첫 번째 요소인 '일관성'을 위해서는 대칭축을 기준으로 좌우가 동일한 형태로 딤플이 정교하게 배치돼야 한다"고 덧붙였다.

전 세계 프로골프투어에서 가장 점유율이 높은 타이틀리스트 프로v1 모델은 2007년부터 물결무늬 접합선을 도입했다. 대칭축을 유지하면서 딤플 커버리지를 최대로 높이기 위해서다. 단순히 위아래의 일자로 접합하던 방식에서 딤플이 사이사이에 맞물리도록 설계해 접합라인이 차지하는 면적까지도 딤플로 채웠다. 그리하여 골프볼 메이커들이 '딤플과의 전쟁'을 벌이고 있다.

골프볼은 종류가 굉장히 많다. 그리고 그 볼들의 특성도 각각 다르다. 이유는 골프볼의 3요소라고 불리는 조건이 있기 때문이다. 볼의 특성을 만들어주는 거리, 스핀, 타구감 등으로 볼의 성격이 달라지고, 이런 기본적인 특성을 감안해서 자신에 맞는 볼을 선택해야 한다. 몸에 맞는 좋은 볼을 선택했다 할지라도 손질 및 보관 역시 잘해줘야 좋은 컨디션의 볼로 샷을 할 수 있다.

공인구를 결정하고 판정하는 협회는 USGA(미국골프협회United States Golf Association)와 R&A(영국왕립골프협회Royal & Ancient golf club)에서 정하는 기준에 통과해야 한다.

그 기준은
- 반발력 : 120마일의 스피드로 쳤을 경우 런 포함 315야드를 넘으면 안된다.
- 크　기 : 직경(지름) 42.67mm 이상
- 무　게 : 45.93g 이하
- 딤　플 : 모든 방향에서 대칭을 이루어야 한다.

골프, 이렇게 시작한다.

GOLF

제Ⅲ장

스윙을
어떻게
할
것인가?

Ⅲ 스윙을 어떻게 할 것인가?

　스윙은 클럽으로 볼을 치는 신체활동으로 볼 앞에 서서 많은 시간을 보내면 안 된다. 잡념이 들기 시작하면 스윙은 무너진다. 백스윙은 아주 천천히……시선을 볼에서 떼면 안 된다. 왼쪽 어깨가 턱에 닿을 정도의 백스윙. 왼손을 부드럽게 받치고 있는 오른손. 클럽을 믿고, 스윙을 믿고, 자신을 믿어야 한다. 스윙은 힘으로 밀어붙이는 것이 아니다. 스윙 궤도에 따라 완벽한 원형을 그리면서 물 흐르듯이 흘러야 한다.

　세계적인 프로들의 경우 자신이 낼 수 있는 최대치로 스윙을 하지 않는다. 타이거 우즈는 최대치의 80%, 소렌스탐 60%의 힘과 스피드로 드라이버 샷을 한다고 한다. 그래야 페어웨이 안착률이 좋아진다. 그만큼 정교한 컨트롤이 중요하다는 뜻이다. 제구력이 뛰어난 투수들이 강속구 투수들을 이겨내는 이치와 같다.

　좋은 스윙을 하기 위해서 가장 기본이 되는 것이 그립이다. 많은 프로들도 미스 샷이 반복되면 가장 먼저 그립을 확인하고 고쳐 잡는다고 한다. 스윙의 시작이자 끝이 바로 그립인 것이다.

1. 그립

1) 그립 잡는 방법

왼손 검지의 둘째마디와 중지, 약지 새끼손가락 뿌리를 연결하는 선에 그립을 놓고

왼손 새끼손가락 부터 부드럽게 감아 잡는다

| | 왼손 새끼, 약지, 중지 손가락으로 그립을 가볍게 감아 잡고 | 왼손 엄지와 중지를 잡아 그립과 손바닥에 빈공간이 없이 견고하게 밀착 시킨다. |

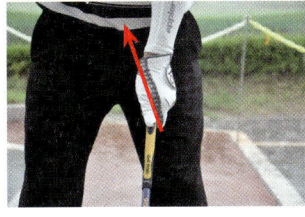  

| 이때 왼손 엄지와 중지의 만나는 선이 왼쪽어깨를 향한다. | 오른손 바닥의 생명선에 왼손 엄지손가락이 오도록 오른손을 옆에 놓는다. | 오른손도 새끼손가락 부터 가볍게 감아 쥔다. |

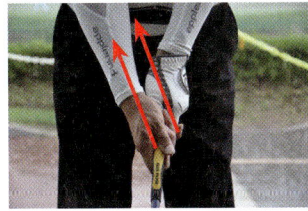  

| 왼손, 오른손이 결합되면 엄지와 검지의 만나는 선이 왼쪽 어깨방향으로 평행 하게 된다. 완성된 정면그립 | 완성된 측면그립 | 완성된 뒷면그립 |

2) 그립의 종류

그립(grip)이란 골프클럽을 잡는 것을 말하며 이 잡는 방법에 따라 스윙과 파워가 달라져 스코어에 큰 영향을 미치며 완벽한 그립은 없다.

그립은

- 잡는 모양에 따라 스퀘어 그립(Square grip), 위크 그립(Weak grkp), 스트롱 그립(Strong grip)으로 분류하고
- 손가락 위치에 따라 일반적으로 크게 인터로킹그립(interlocking grip), 오버래핑그립(overlapping grip), 내추럴그립(natural grip)등 세 가지로 나누어진다.

(1) 잡는 모양에 따라

■ 스퀘어 그립

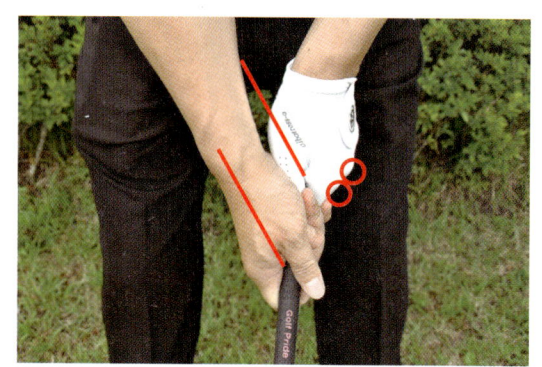

스퀘어 그립(Square grip) : Two knuckle grip이라고도 한다. 손등이 목표를 직각(Square)으로 향하고 있는 정상 그립이다. 이때 골퍼의 눈으로 그립을 내려다보면 너클이 두 개 보인다.

이 그립은 직구를 내고자 할 때 쥔다. 오른손과 왼손 엄지와 검지의 역 V자 모양이 오른쪽 어깨 혹은 오른쪽 뺨을 가리키는 그립으로 가장 이상적이다.

■ 위크그립

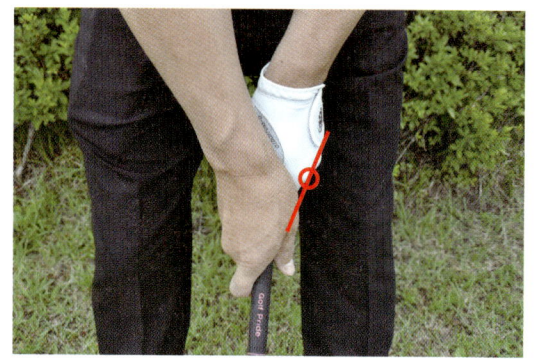

슬라이스 그립(Slice grip) 또는 One knuckle grip라고도 한다. 왼 손등이 목표보다 좌측을 향하게 쥔 그립으로 양손의 엄지와 검지가 이루는 V자의 끝은 좌측 어깨를 향한다.

골퍼 자신이 이 그립을 하고 손을 보면 왼손 검지의 너클이 한 개 보인다.

이 그립은 의도적으로 슬라이스를 내려 할 때 사용한다.

그러나 아마추어골퍼들이 정상그립을 했다고 생각하는 것이 슬라이스 그립이다. 따라서 그립 시 반드시 체크하는 게 좋다. 이 그립은 비거리도 안 나고 슬라이스가 난다.

■ 스트롱 그립

훅 그립(Hook grip) 또는 Three knuckle 그립이라고 한다. 왼 손등이 목표보다 우측을 향하고 있는 그립으로 양손의 엄지와 검지가 이루는 V자의 끝이 우측어깨보다 더 바깥쪽을 향하고 있다. 골퍼가 내려다보면 왼손 등의 너클이 3개 정도 보인다.

훅볼을 치려고 할 때 쥐는 그립이며 이 그립을 하면 몸통의 힘을 클럽헤드에 잘 전달할 수 있다.

슬라이스로 고민인 골퍼들도 이 그립을 하면 도움이 된다.

(2) 손가락 위치에 따라

■ 인터로킹그립(interlocking grip)

왼손 검지와 오른손 새끼손가락이 서로 깍지가 끼워져 잡는 방법이며, 손가락이 작은 사람에게 유리하고 일체감이 있는 장점이 있다. 또한 왼손이 오른손보다 강할 때 이 그립을 사용하면 양손의 힘이 비슷해진다. 잭 클라우스가 대표적으로 이 그립을 사용하고 있으며 그는 이 그립이

보다 다른 그립보다 자연스럽고 초보자한테도 배우기 쉽다고 강조한다. 또한 힘이 약한 여자들이나, 어린 아동이 골프를 배울 때 힘이 부족하여 이 그립을 잡고 연습하여 프로가 되어도 계속 이렇게 잡게 되는 경우가 많다.

■ 오버래핑그립(overlapping grip)

프로골퍼 바든이 고안해서 바든그립(vardon grip)이라고도 하며 왼손은 검지 위에 오른손 새끼손가락을 걸쳐 잡는 방법으로 두 손 사이에 일체감이 있는 장점이 있으나 인터로킹그립(interlocking grip)에 비해서 결합성이 약한 단점이 있다. 또한 왼손은 다섯 손가락이 다 씌어져 파워가 있고 오른

손이 약해져 양손의 힘이 비슷하게 사용된다. 대부분의 프로들이 이 그립을 이용하고 있다.

■ 내추럴그립(natural grip)

베이스볼 그립(baseball grip) 혹은 텐 횡거 그립(ten-finger grip)이라고도 하며, 잡기가 쉬워서 힘이 약한 사람이나 노인층 등이 주로 많이 사용하고 있다. 그러나 파워는 있지만 손목의 회전이 빨라져 임팩트 존이 짧아져서 방향성이 좋지 않고 왼손과 오른손이 서로 연결되어 있지 않아서 일체감이 떨어지는 단점도 있다. 메이저 대회에서 우승한 Bob Rosburg와 Jame Geddes가 사용하였다.

2. 어드레스 및 셋업

1) 어드레스

어드레스라는 단어의 뜻은 여러 가지 있지만 골프에선 볼을 치기위해 스탠스를 취한 후 타겟을 향해서 샷을 하려고 하는 자세를 말한다.

어드레스가 좋으면 스윙도 좋아진다.

하체는 견고하게, 상체는 유연성 있게 흔히 어드레스 자세는 스탠드바 의자에 걸터앉은 것처럼 하라고 한다. 이렇게 하면 다리를 약간 구부리고(검은색), 엉덩이는 약간 빼고, 허리를 곧게 펴는 자세가 된다(붉은색). 이때 양어깨와 허리는 목표방향과 스퀘어가 되는 것이 좋다(파란색).

클럽을 쥐고 어드레스를 취하면 자연스럽게 오른쪽 어깨가 약간 내려간다.

오른쪽 어깨는 위 그림처럼 왼쪽에 비해서 약간 기울어진다.

그 이유로는 오른손잡이를 기준으로 할 때 그립을 잡으면 오른손이 왼손보다 밑으로 내려가기 때문에 오른쪽 어깨가 조금 기울어진다. 백스윙 시 하체가 자연스럽게 이동할 수 있는 장점이 있다. 그립의 위치는 왼쪽 허벅지 안쪽에 위치하여야 한다. 그래야 클럽 페이스가 목표 방향을 향하게 된다.

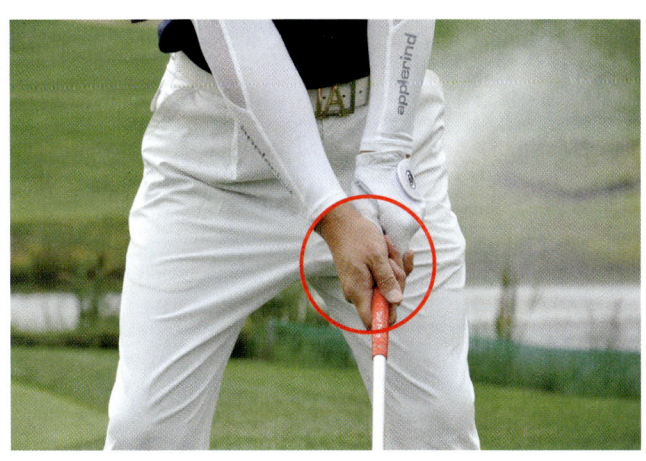

올바른 어드레스는 기본적으로 다리를 어깨 넓이만큼 벌린 상태에서 힙을 약간 뒤로 빼고 허리를 약간 굽히며 양 무릎을 조금 굽힌 상태로 허리부터 목까지 자연스럽게 펴진 상태가 되어야 올바른 어드레스이다.

지금까지 설명은 어드레스 자세는 상체에 힘을 빼고 올바로 곧게 펴야 한다는 것이다. 척추는 중심축이 되기 때문에 너무 뻣뻣하게 펴도, 너무 숙여도 안 된다. 그러나 요즘에는 미국 PGA프로 100여명을 분석을 해본 결과 등이 쭉 펴지 않고 자연스럽게 약간 굽은 것으로 나타났다. 그리고 어깨를 일부러 똑바로 펴기보다는 편한 자세가 근육이 긴장되지 않고 자연스럽기 때문에 일부러 펴서 근육을 긴장시키게 할 필요가 없다고 전문가들은 말하고 있다.

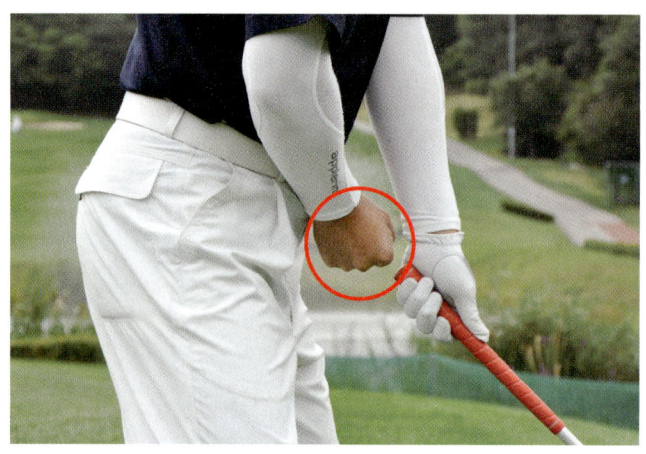

사실 어드레스의 정형화는 중요하다. 한번 굳어지면 고치기가 쉽지가 않다. 초보자를 지도하다보면 어드레스 자세를 완벽하게 소화해 내는 초보자도 있지만, 아무리 보아도 엉성한 초보자나 중급자도 적지 않다. 자세보다는 볼을 맞추려는 마음이 앞서다 보면 어드레스 자세를 취할 때 마다 달라지는 경우도 많다. 이때 하체는 견고하고, 상체는 유연하게 하는 것이 필요하다.

양팔은 주먹이 복부에서 하나 정도의 공간을 가지고 축 늘어트린 상태로 왼팔을 펴고 오른팔은 약간 굽혀진 자세가 좋으며 오른쪽 방향에서 볼 때 왼팔은 오른팔에 가려지지 않고 약간 보여야 한다(우측 상단 사진 파란색).

우측에서 바라보면 그립을 잡은 팔은 쭉 펴는 게 아니고 손과 클럽은 상당한 각이 생긴다.

A+B 〉 C

손목이 부드럽지 못한 주말골퍼들이 C변의 방향으로 양팔을 쭉 펴서 A+B=C 의 모양으로 해서 볼을 직접 가격하려 하면 십중팔구 "뒤땅"이 발생하게 되며 이런 문제 때문에 다운스윙에서 인위적으로 왼쪽 어깨를 들어버리면 머리도 함께 들리게 되어 "슬라이스" 혹은 "탑핑"이 발생한다.

어드레스가 잘못된 아마추어들이 많다. 두 가지만 유념하면 좋은 어드레스 자세를 만들 수 있다. 먼저 스탠스의 폭이다. 어깨 넓이로 서는 것은 잘 알려져 있다. 보다 정확히 표현하면 드라이브 같이 긴 우드나 롱아이언 클럽은 양쪽 발 안쪽을 어깨 넓이에 맞추고 미들 아이언 이하의 클럽은 양쪽 발 바깥쪽을 어깨 넓이에 맞추면 된다.

특히 어깨가 넓고 가슴이 두터운, 즉 체중이 많이 나가는 사람은 10cm 정도 조금 더 넓게 서는 것이 좋다. 이 경우 스윙할 때 머리도 조금 움직여야 부드러운 스윙이 나온다. 머리를 꼭 고정시킨다는 편견에서 벗어나자.

두 번째는 무릎-엉덩이-어깨 라인을 평행하게 정렬하는 것이다. 이 몸의 세 라인은 볼을 보내야 할 방향으로 그어진 가상의 선과 평행을 이뤄야 한다. 마치 기차 레일처럼 말이다. 많은 아마추어들은 목표보다 오른쪽 혹은 왼쪽을 겨냥하는 경우가 많다. 그 이유는 오른쪽 혹은 왼쪽 어깨가 앞으로 나오면서 아웃-인 혹은 인-아웃 스윙이 되고 만다. 슬라이스나 훅의 원인이 여기에 있는 것이다. 따라서 무릎-엉덩이-어깨 라인을 정렬하는 것이 중요하다.

어드레스 점검

어드레스란 스윙을 하기 위해 발의 위치를 정하고 볼에 클럽 페이스를 겨누는 스윙의 기본 자세이다. 스탠스와 체중 안배는 스윙의 중요한 요소이다.

스윙할 때는 몸이 자연스럽게 돌아가고 팔, 손, 몸이 삼위일체가 되어 클럽을 휘두를 수 있는 자세가 나와야 한다. 또한 골프 스윙은 회전 운동이므로 회전축이 있어야 한다. 목에서부터 등을 지나 허리에 이를 때까지 등을 곧게 펴고(힘을 주어 빳빳하게 세우면 안 된다) 엉덩이를 오리 궁둥이처럼 내밀어서 척추를 중심축으로 회전할 수 있는 바른 어드레스 자세를 취해야 한다.

어드레스 때 두 손과 몸의 간격은 주먹 하나 들어갈 정도로 일정한 간격을 유지해야 한다. 신장, 성별, 신체 특성 등에 의해 약간의 차이는 있을 수 있다. 어드레스 시에는 목표 선을 먼저 설정한다. 먼저 공이 날아가서 떨어질 지점을 목표로 정하고(파란색), 공과 목표 사이의 중간 지점에 시선을 떨어뜨린다. 마지막으로 공 바로 앞 1m 지점(빨간색)의 어떤 것(색이 다른 풀, 반대로 누운 잔디결 등)이든 기준을 정해서 정렬한다.

골프 샷은 허리와 어깨의 방향에 따라

공이 날아간다. 어드레스 때 허리와 어깨의 방향이 잘못 정해지면 공은 다른 방향으로 날아가게 된다. 스탠스(Stance, 양발의 간격)는 폭이 좁으면 회전이 편하고 폭이 넓으면 파워 스윙을 하기에 편하다. 각자에게 알맞은 스탠스를 취하는 것이 좋으며 억지로 좁거나 넓게 할 필요는 없다.

상체를 곧게 펴고 엉덩이를 오리 궁둥이처럼 내민다. 클럽과 몸의 간격은 주먹 하나 들어갈 정도로 한다. 무릎 선, 허리선, 어깨선이 목표를 향하게 선다.

2) 셋업

셋업은 기계 등의 조립, 실험 등의 장치 등을 말하나 골프에서는 어드레스를 취한 후 목표점에 샷을 하기 전까지의 준비 자세를 말한다. 이에 대한 셋업에는 몇 가지의 과정이 있다.

티샷의 셋업에 대해서 얘기한다면

첫 번째로 티잉 그라운드에 올라서서 오른손에 클럽을 들고 타겟을 향하여 볼을 보낼 지점을 정한다(빨간색).

두 번째로는 정확한 목표 지점으로 볼을 보내기 위해 볼과 목표지점 사이에 중간 목표점을 만든다. 그 다음에 볼과 중간 목표와 마음의 선을 긋고, 그 선과 평행되게 스탠스를 잡은 후 오른손에 클럽을 든 상태로 볼 뒤에 클럽페이스를 맞춘다.

　세 번째로는 클럽페이스를 맞춘 상태에서 왼손 그립을 잡고 허리와 힙을 약간 굽히며 스탠스를 정한다. 마지막으로 타겟을 다시 한 번 본 후에 볼을 보면서 양손과 어깨에 긴장을 풀고 편한 한 자세로서 샷 할 준비를 한다.

　셋업을 할 때 중요한 사항은 먼저 티잉그라운드에 올라섰을 때 두 번 정도 부드러운 스윙을 하는 것이 좋다. 그 이유는 근육이 자연스럽게 풀어지고 올바른 스윙의 궤도를 느끼게 하기 위함이다. 또한 Waggle도 중요한데 Waggle이란 샷을 하기 직전에 클럽, 손, 손목, 팔 등의 준비운동이며 클럽을 그라운드에서 띈 상태로 클럽을 자연스럽게 좌우로 흔드는 것을 말한다. 잭 니클라우스는 Waggle을 하는 이유는 근육의 긴장이 풀어지고 볼이 벙커에 들어갔을 때 모래를 묻히지 않고 꺼낼 수 있는 연습을 할 수 있기 때문이라고 하였다. 근육이 긴장되었을 때는 힘이 들어가기 때문에 좋은 샷을 기대할 수 없다. 따라서 셋업을 한 후 샷하기 직전에 한두 번 Waggle을 하는 것이 좋다. 골퍼마다 자신의 독특한 Waggle이 있으나 완벽한 Waggle은 없다.

3. 진자의 원리

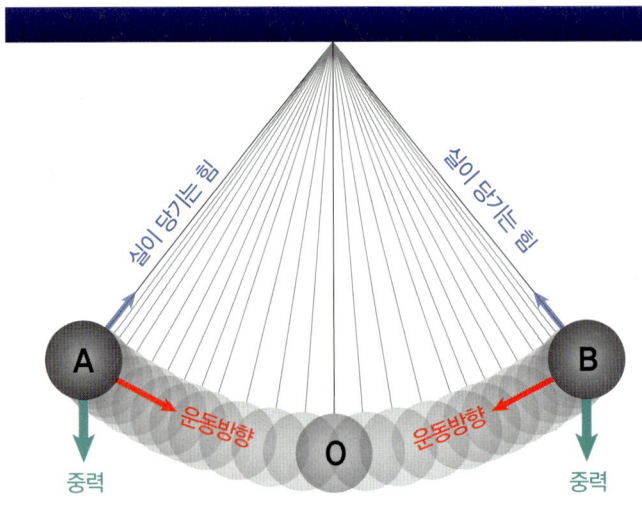

진자운동 : 실의 끝에 달린 추가 흔들리는 운동 – 중앙점 O에서 A또는 B까지의 운동과정이고 A와 B에서 순간적으로 정지하고, 중앙점 O에서 운동 스피드가 가장 빠르다.

　골프에서도 진자의 원리처럼 몸(다리, 허리, 척추)을 축으로 해서 클럽이 일정한 궤도를 그리며 움직이는 것이다. 이때 팔이 실의 역할을 하는데 팔과 손목에 과도한 힘이 들어가 클럽 헤드(그림의 추)가 궤도를 벗어나거나 중앙점 O를 지날 때 스피드가 떨어진다면 정확한 임팩트를 할 수 없고, 제대로 파워를 내기가 어렵다. 다시 말하면 척추를 중심으로 몸통을 오른쪽으로 최대한 꼬아서 그 반동으로 꼬인 것을 풀어 볼을 때린 후 그 힘에 의하여 팔로스루를 자연스럽게 하여 피니쉬를 만드는 것이다. 즉 어깨 턴과 동시에 클럽이 자연스럽게 올라가서 탑(B)을 만들고 하체의 이동(체중이동)에 의해 자연스럽게 클럽 헤드가 우에서 좌로 회전하는 과정에서 임팩트(중앙점 O)가 이루어지고 회전력으로 폴로스로우, 피니쉬(A)가 만들어 진다.

4. 스윙(Swing)

　스윙은 어드레스 → 백스윙 → TOP → 다운스윙 → 임팩트 → 폴로 스루 → 피니시로 구분할 수 있다. 백 스윙은 힘을 모으는 단계, 임팩트는 힘을 볼에 전달하는 단계, 폴로 스루는 힘을 오랫동안 지속시키는 역할을 한다.
　그리고 그 결과는 피니쉬 자세에서 그대로 나타난다.

전문가는 피니쉬 자세만 봐도 샷이 잘됐는지 아닌지를 구분할 수 있다.

그럼 스윙의 시작인 백스윙부터 시작해 보자. 풀 스윙을 만들기 위해 작은 스윙부터 차근차근 반복 숙달해야 한다.

1) 쿼터 스윙(Quarter swing) 일명 똑딱이?

쿼터 스윙(Quarter swing)은 일명 1/4스윙 또는 똑딱이 스윙이라고도 불리는 골프의 기본 동작으로 스윙을 만들 때 처음 시작하는 것이 일명 "똑딱이"이다.

이것은 머리부터 척추 그리고 꼬리뼈까지를 축으로 하여 약 30~50Cm 오른쪽 방향으로 상체와 클럽을 동시에 회전한다. 이 때 팔로 밀어주는 것이 아니라 그립 끝이 배꼽을 향한 상태(사진 화살표)에서 팔, 어깨, 몸통 등 몸 전체가 한 몸이 되어 움직인다.

그립을 잡고 양팔과 어깨가 삼각형을 유지하여 매트위에 볼을 치는 동작인데 볼을 친 다기 보다 축을 중심으로 몸을 좌우로 흔들면서 손에 잡힌 아이언 클럽이 볼을 치고 지나가는 것이다.

이것은 스윙을 만드는 기본으로 정확히 아이언의 리딩 엣지가 볼 밑에 들어가면서 아이언의 각도만큼 볼이 뜨게 되는 것이다.

좌우 각각 약 45° 정도를 진자의 원리로 흔드는 것이다. 이것이 쉬워지면 좀 더 큰 흔들림이 되며 약 90°까지 반복 숙달 한다.

◆ 주의사항은 팔을 삼각형으로 만들 때 왼팔은 힘을 뺀 상태에서 뻗어주고 오른팔의 팔꿈치는 자연스럽게 밑으로 조금 내려가며, 아이언 7번을 사용하여 연습한다.

연습 포인트는 매번 공을 한 개씩 직접 손으로 놓고 치는 연습을 해야 효과적이다.(볼 치고 다시 어드레스 ~~ 반복 숙달 시키는 것이다) 볼 배급기로 계속 연습하면 원래 잡은 그립이

돌아가서 클럽헤드가 타겟 방향에서 왼쪽으로 돌아가면서 몸 뒤쪽을 향하게 되고, 근육도 긴장되어 연습의 효과는 그만큼 반감 된다. 볼을 하나하나 손으로 매트에 놓으면서 자세를 풀었다가 다시 어드레스 자세를 취하고를 반복하면, 똑딱이는 볼을 치기 위한 연습이기도 하지만 어드레스를 숙달시키는 방법이기도 하다.

2) 백스윙(테이크 백)

(1) 테이크 어웨이(Take away)

테이크 어웨이(Take away)는 어드레스 상태에서 왼쪽 어깨부터 우측으로 회전을 시작한다. 약 30cm 오른쪽 방향직선으로 클럽을 밀어준다. 이 때 그립 끝이 배꼽을 향한 상태에서 팔, 어깨, 몸통 등 몸 전체가 하나가 되어 우측방향으로 회전한다.

체중이동을 이렇게 하면 안 된다.

왼쪽 어깨는 회전하지 못하고 허리만 오른쪽으로 밀어낸다. 오른 다리를 축으로 왼쪽 어깨부터 몸을 오른쪽을 감아야지 오른쪽으로 밀면 안 된다.

골프 스윙은 체중이동 운동으로 몸이 우로 회전해서 좌의 회전로 끝난다. 우로 회전(백스윙) 할 때의 시작은 왼쪽 어깨이며 좌로 회전(다운스윙) 할 때는 무릎과 허리가 시작이다.

　체중 이동은 어드레스보다는 약간 오른쪽으로 이동하는 상태이나 허리의 움직임은 별로 없으며 양손은 오른쪽 호주머니 정도까지 나온다. 이 때 양팔은 펴져있는 상태이고 오른팔 팔꿈치는 자연스럽게 조금 밑으로 내려와 있다. 또한 시선은 볼을 향하고 있어야 하고 클럽을 든 양팔의 근육은 긴장이 되어 있으면 안 된다. 클럽 페이스가 정면을 볼 때까지 백스윙을 천천히 한다.

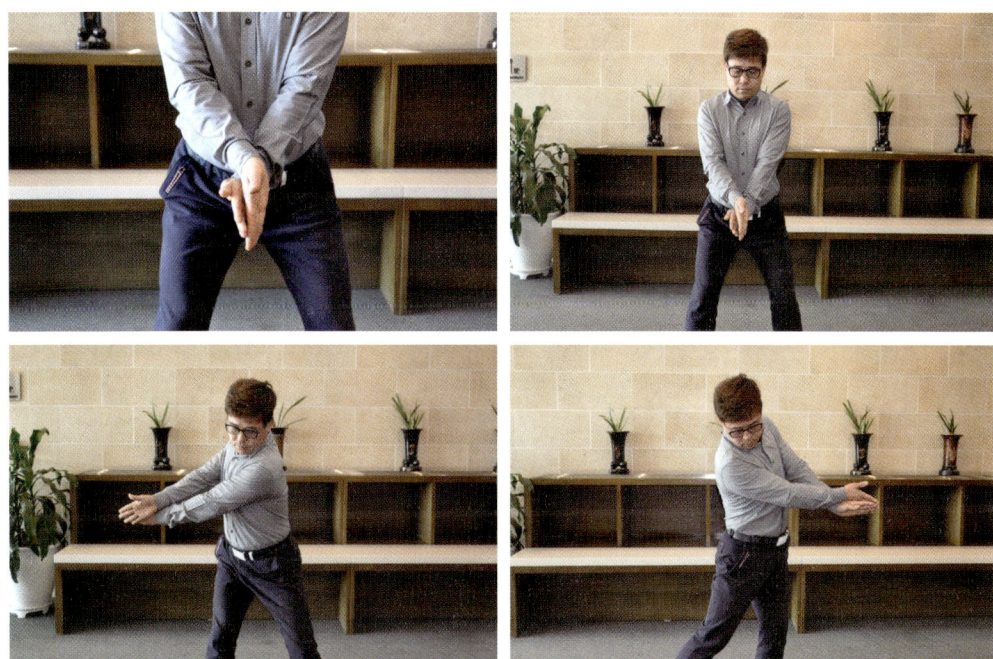

임진한 프로는 "클럽을 놓고, 왼손을 편 후 오른손 등을 크로스로 왼손 등에 맞댄 채 스윙을 하는 맨손 연습은 올바른 어드레스에 큰 도움이 된다. 사무실이나 집에서 이 맨손 스윙을 많이 하는 것이 좋다"고 권했다. "또 어드레스 시에는 호흡을 뱉어 힘을 빼는 느낌을 갖도록 해야 한다"고 했다.(73쪽 아래 사진 참조)

(2) 코킹과 탑 (cocking and top)

골프에서 코킹은 몸의 회전과 방향 그리고 비거리에 많은 영향을 주는 동작이지만 중급 정도의 골퍼들도 코킹을 어느 시점에서 어떤 방법으로 하는지 또 언제 코킹을 풀어주는지 잘 알지 못한다.

코킹은 왼쪽 손목을 내 몸 쪽 방향으로 꺾어 탑을 만드는 과정을 말하는데 클럽 페이스가 정면을 볼 때까지 테이크 백을 한 후 코킹을 시작한다.

◆ 코킹(cocking) 하는 방법

골프 코킹은 손목에 긴장과 힘을 빼는 것이 가장 중요한데 손목의 힘을 빼기위해서는 웨글(Waggle)을 적절하게 한다. 골프헤드의 무게도 느끼게 되며 손목의 긴장과 팔, 어깨 힘을 빼는 가장 이상적인 방법이다.

그립을 잡은 양손을 우측 머리 방향으로 들어 올림과 동시에 왼쪽 어깨를 오른쪽 방향으로 완전히 회전시키다.

1. 코킹을 시작하는 시점은 클럽 헤드가 전방을 볼 때

2. 코킹 방향은 왼손 엄지손가락 방향으로 꺾으면서

3. 상체를 우측으로 더 회전 시키며 백스윙 탑을 만든다.
   어깨는 우측으로 90도 회전, 허리는 50도 회전.

4. 회전이 끝났을 때 양손의 위치가 우측 귀보다 조금 높은 곳에 있다.

5. 오른팔 엘보가 지면에 수직이 되도록 위치하고 왼 손등은 곧게 펴져있고, 오른 손목은 뒤로 젖혀져 있다.(웨이터가 접시 받치고 있는 모양)
   왼쪽 어깨는 턱밑에 자연스럽게 위치하며 머리는 고정시키고 시선을 볼을 본다.

우드나 롱아이언을 칠 때 볼의 위치는 왼발 뒤꿈치에 위치한다.

숏아이언, 미들아이언을 칠 때 볼의 위치는 양발 한 가운데 위치한다.

코킹에서 탑 오브 백스윙으로 자연스럽게 연결되며 왼쪽의 무릎은 오른쪽의 방향으로 기울기 시작한다. 그러나 왼쪽의 발바닥은 지면에 붙어 있는 것이 좋다.

체중은 왼쪽 2 : 오른쪽 8 이상으로 체중이 오른쪽으로 이동하여 탑을 유지해야 한다.

이때 가장 중요한 것은 체중이동의 방법인데 좌에서 우로 힙을 미는 게 아니고 좌에서 우로 상체를 회전하는 것이다. 힙을 미는 동작은 스웨이(Sway)라고 해서 슬라이스 원인이기 때문에 해서는 안 되는 동작이다.(72쪽 사진 참조)

백스윙을 할 때 상체의 움직임에 따라 살짝 접힌 오른쪽 무릎 각도가 변화면 안 된다. 몸 전체가 오른쪽으로 회전 했을 뿐이지 상하로 변화가 생기면 안 된다. 상체를 일으켜 세운다든지, 오른 무릎을 편다든지 하는 것은 정확히 볼을 맞히는데 장애 요소가 된다.

탑 오브 백스윙(top of back swing)은 클럽이 완전히 탑에 머물고 있고 다운스윙 직전까지를 말하며 탑에서 정지 시 왼손등과 클럽페이스가 같은 방향을 바라보고 있다.

왼 손목은 쭉 펴져있어야 하고 오른 손목은 뒤로 젖혀져야 한다. 오른팔은 "ㄴ"자 모양으로 90°의 각도를 이루는 것이 좋으며 팔꿈치는 지면을 향하여 수직으로 되어있어야 한다.

허리 45°, 어깨는 90° 정도 우측방향으로 회전하는 것이 좋으나 요즘은 허리의 움직임을 최소한으로 줄여서 30° 제한하며 어깨는 120°까지 회전하는 프로도 많아지는 추세이다.

머리는 가능한 움직이지 않는 것이 좋으나 어깨가 턴을 하기 때문에 아주 움직이지 않을 수는 없다.

왼쪽 어깨는 볼 방향 조금 아래 처져 턱 밑에 위치한다.

(3) 다운 스윙(down swing)

다운스윙(down swing)은 미세하나마 먼저 발목, 무릎, 허리(힙), 어깨, 팔, 손목, 순으로 움직여야한다. "벤 호간"은 왼쪽히프가 먼저 움직여야 좋다고 했으며 "리드베터"는 왼쪽무릎이 먼저 움직이는 것이 좋다고 했다.

종합하면 지면으로부터 가까운 신체부위부터 움직이는 게 맞는 말이다.

여기서 움직인다는 것은 오른다리에 있는 체중을 왼다리로 옮겨가는 과정이다. 팔이 움직이기 전에 허리를 먼저 풀어 체중을 왼다리로 옮겨 놓아야 볼 뒤를 치는 일도 없어지고 미스 샷이 줄어든다.

정확한 다운스윙 보기

코킹상태를 임팩트 직전 상태까지 최대한 끌고 내려와서 오른 팔을 쭉 펴주면서 클럽을 던져준다. 즉 위 내용을 풀어서 설명 드리면 코킹상태를 그립을 잡은 양손이 오른쪽 바지 주머니 앞까지 끌고 와서 꺾인 손목을 원위치 시키면서 허리회전에 따라 양팔을 쭉 펴주면서 된다.

이렇게 하려면 많은 연습이 필요한데 "나"만의 연습방법을 공개하면 클럽 헤드가 없는 샤프트나 또는 이와 비슷하게 생긴 물건을 가지고 빈 스윙을 실시하는데 백스윙 탑에서 임팩트 시까지만 스윙을 한다. 평소 스윙 스피드로 실시하고 임팩트 동작에서 정지한다. 이때 가장 중요한 것은 허리를 우측에서 좌측으로 돌려주면서(체중이동) 코킹을 풀어줘야 한다. 이 동작을 반복해서 몸에 저장되도록 해야 한다.

다운스윙 때 코킹이 풀리는 동작은 사실 임의로 조절해서 되는 문제는 아니고 이 연습이 반복되면 어느 순간에 저절로 되고 자연스럽게 코킹이 풀리는 느낌이 온다.

많은 아마추어 골퍼들이 미스 샷을 하는 가장 큰 원인은 다운스윙 시 지면으로부터 가장 먼 손, 팔, 머리, 어깨, 허리(힙), 무릎 순으로 스윙을 하기 때문에 미스 샷이 발생한다.

미스 샷의 다운 스윙

탑에서 → 허리가 아닌 손목(코킹)부터 먼저 풀어 시작이 엉망이 된다.

임팩트 전에 손목(코킹)이 다 풀려서 미스 샷이 된다. → 미리 풀린 손목(코킹) 때문에 상체가 먼저 움직여 엎어 치는 모양이 된다.

머리와 상체가 왼쪽으로 넘어가면서 팔로만 볼을 치게 된다.

미스 샷 연속사진 – 팔과 상체가 먼저 움직이면서 체중 이동은 전혀 이루어지지 않는다. 이런 스윙이 미스 샷의 원인이다.

다시 말하면 다운스윙이 상체부터 움직이기 시작하면 반드시 미스 샷이 발생하여 스코어에 손해를 보게 된다. 처음 스윙을 만들 때부터 하체리드 즉 허리부터 풀어주는 스윙을 연습해야 한다.

체중이동은 오른쪽에서 왼쪽으로 넘기는데 급하고 과도하게 큰 동작은 왼 다리가 버티지 못하고 체중의 중심이 몸 바깥으로 나갈 수가 있다. 체중은 왼쪽 다리의 안쪽에 두는 것이 가장 좋다. 체중이동이 무너지면 임팩트 시 볼을 정확하게 때릴 수가 없다.

무릎의 움직임은 높이를 맞추는 것이 중요하다. 왼쪽 무릎으로 스윙을 유도하려고 지나친 무릎의 움직임을 보이는 경우가 있는데 상체의 회전에 따라 무릎은 수평으로 회전을 시켜주어야 한다.

(4) 임팩트(Impact)

임팩트(Impact)는 클럽페이스와 볼이 만나는 순간을 말한다.

아이언은 볼과 클럽페이스, 그리고 잔디 3가지가 동시에 만났을 때 비로소 볼이 하늘로 비상하며 클럽이 가지고 있는 각도만큼 떠오르고 거리가 나는 것이다.

| 클럽페이스, 볼, 잔디가 동시에 만나는 순간 | 클럽페이스와 볼만 만나는 순간 : 볼이 뜨지 못하고 땅으로 굴러서 간다. | 클럽페이스와 잔디만 만나는 순간 : 볼이 제 거리를 가지 못한다. |

드라이브의 임팩트 순간에는 클럽 페이스가 목표방향과 스퀘어가 되어야 하고 클럽페이스의 중앙인 sweet spot 에 맞아야 한다.

하체의 움직임과 밸런스를 잘 이루어야한다. 체중은 오른쪽에서 왼쪽으로 옮겨진 후이며 임팩트 시에 드라이버의 경우 왼발에 체중이 실리는 정도는 75~90%이며, 오른발은 25~10%정도가 되어야 바람직하다. 이때 왼발의 체중은 임팩트 직후 왼발 엄지발가락이 들리지 않을 정도로 발 중간보다 뒤 쪽에 실리는 것이 좋다.

임팩트 시 왼발은 지면과 견고하게 밀착되어야 한다.

임팩트 시 왼발이 지면과 떨어져 밀리게 되면 미스 샷이 된다.

골프스윙에 있어서 각 부분마다 중요하지만 가장 중요한 것은 다운스윙에서 임팩트와 릴리스(푸쉬 약 30cm) 때까지이다.(아래 사진)

이 순간에 방향이 결정되고 "슬라이스" 혹은 "훅"이 결정된다.

많은 아마추어 고수들의 백스윙은 눈으로 보기에 이상해 보이지만 체중이동과 임팩트 릴리스가 좋기 때문에 볼의 구질이나 방향이 좋다.

왼쪽 힙이 어드레스에 비해서 조금 타겟 방향으로 나간 상태지만 왼발보다 더 나가면 안 된다.

임팩트 시 왼팔은 펴져 있고 오른팔은 약간 굽혀져 있다.

왼 무릎은 프로마다 의견이 분분하나 어드레스에 비해서 약간 더 펴지고 오른발은 엄지발가락이 지면에 닿아있고 뒤꿈치는 떨어진 상태로 오른 무릎이 왼 무릎을 향해서 기울어져 있다.

머리와 어깨는 어드레스보다 약간 우측으로 기울어 있으며, 전체적인 몸의 모양은 역 K 모양이 된다.

허리와 힙은 어드레스에 비해서 조금 열려져 있다.

임팩트 시 몸의 왼쪽에 벽을 만들라는 말이 있는데 이는 몸을 왼쪽으로 밀어내지 말고 최대한 꼬인 몸을 회전을 통해 파워를 낼 때 왼발이 기둥 역할을 하면서 지탱해야 한다는 것이다.

(5) 폴로 스로우(follow through)

임팩트에서 피니쉬(finish)로 가는 동작을 폴로 스로우라고 한다.

무슨 일을 해도 마무리가 가장 중요하듯이 골프 역시 볼의 방향, 거리에 가장 큰 영향을 미치는 동작인 폴로 스로우가 필자의 개인적 견해로 스윙 전체 중 가장 중요한 부분이라고 생각한다. 물론 임팩트와 각각 구분하기는 어렵지만 정확한 임팩트와 정확한 폴로 스로우의 연장으로 볼의 방향과 거리를 결정짓는 중요한 부분이다.

골프의 스윙을 구분동작으로 설명하기란 참 어렵다. 백스윙부터 피니쉬까지 2초도 되지 않은 시간에 진행되는데 동작을 구분해서 설명하기란 참 어렵다. 그러나 분명한 것은 볼을 맞히는 임팩트 동작, 곧은 방향으로 날아가게 하는 폴로 스로우는 정말 잘해야 하는 동작이다. 아마추어 고수들 중 백스윙이나 피니쉬가 엉성한 고수들이 참 많다. 하지만 그들이 고수라는 소리를 듣는 것은 임팩트와 폴로 스로우를 프로처럼 하기 때문에 프로 같은 샷이 나오는 것이고 고수 소리를 듣는 것이다.

임팩트 직후 볼이 클럽페이스에서 바로 튕겨 나가는 것이 아니고 정지한 볼을 쳤기 때문에 클럽페이스에 잠시 머물다 앞으로 튕겨 나간다. 그렇지만 클럽은 계속 우에서 좌로 움직이고 있는 것이다. 볼이 클럽 페이스에 잠시 머무는 그 순간에 볼의 방향이 결정되고 거리가 결정되는 것이다.

임팩트 순간 볼이 찌그러지면서 클럽 페이스에 붙어있다가 앞으로 나간다. (해피훈의 Trandy Golf)

볼을 임팩트 한 후에는 자연스럽게 손목 릴리스가 되어야 한다. 클럽헤드는 볼의 뒤를 쫓듯이 휘둘러 빠지는데 이것을 폴로 스로우라 한다.

많은 초보자들이 실내 연습장에서 연습하다가 실외 연습장에 처음 오면 Tee 위에 있는 볼을 못 맞히고 헛스윙하거나 아마추어들이 필드에 처음 나가서 헛스윙이나 탑 볼을 치는 이유가 바로 폴로 스로우를 정확히 못하고 팔만 휘두르는 스윙을 해서 나타나는 현상이고 슬라이스나, 훅을 내는 아마추어도 결국은 폴로 스로우를 정확히 못해서 생기는 현상이다.

임팩트 후 폴로 스로우는 두 팔과 그립을 잡은 양손목이 삼각형을 유지하며 클럽 헤드는 타겟 방향으로 크게 던져주어야 한다.

양쪽 팔은 겨드랑이에 붙인 상태에서 클럽 헤드가 움직이는 데로 손목이 따라가야 허리회전(몸통회전)과 두 팔의 일체감도 느낄 수 있고 오른손이 자연스럽게 왼손 위로 올라가는 이상적인 폴로 스로우 자세를 만들어 낼 수 있다.

이때 머리의 위치는 최초의 볼 보다 뒤쪽(오른쪽 무릎 위)에 있어야 하고, 시선도 최초의 볼 위치를 바라보고 있어야 한다. 이 동작을 정확히 하려면 임팩트 보다 더 손목에 힘이 빠져야 한다. 다운스윙의 힘으로 클럽 헤드가 돌아가는 데로 맡겨 놓아야 저절로 손목이 따라 돌게 되는 것이다. 어드레스 기준으로 오른 손등이 전방을 향하는 것은 클럽 헤드를 자연스럽게 풀었다는 의미가 된다.(왼쪽 사진)

폴로 스로우시 양팔이 삼각형을 유지하면서 오른 손등이 정면을 보게 된다.(오른쪽 사진)

초보자나 아마추어들이 싱글 골퍼들에 비하여 방향이 나쁘고 거리가 짧은 이유는 폴로 스로우에서 팔의 삼각형 모양이 빨리 찌그러지기 때문이다.

팔이 삼각형을 유지하지 못하는 원인은 팔로 볼을 치려고 팔과 상체가 먼저 움직이기 때문이다.(88쪽 아래사진 참조)

겨드랑이가 몸에서 떨어지면 두 팔이 흐느적거리게 되고, 결국 팔로만 스윙을 하게 된다. 팔이 삼각형을 유지 못한 채 스윙을 하게 되어 미스 샷이 발생한다. 이 팔모양은 최악의 미스샷이다.

또한 밖에서 안으로 당기듯이 치게 되면(out→in) **슬라이스 구질**의 볼이 되며, 클럽 헤드가 볼보다 바깥쪽에서 안쪽으로 이동한다. 폴로 스로우시 오른손이 강한 힘으로 당기기 때문에 왼팔의 모양도 찌그러지고 클럽 헤드가 바깥쪽에서 안쪽으로 당겨져 슬라이스가 발생한다.

파란색 : 정상적인 스윙궤도, 빨간색 : out → in 스윙궤도

안에서 밖으로 휘어 치게 되면(in→out) **훅 구질**의 볼이 된다.

클럽 헤드가 볼보다 안쪽에서 바깥쪽으로 이동한다. 폴로 스로우시 오른손이 강한 힘으로 엎어치기 때문에 오른 손등이 빨리 몸쪽으로 돌면서 헤드가 닫히게 되어 헤드의 안쪽에 볼이 맞으면서 왼쪽으로 낮게 가는 볼이거나 훅이 발생한다.

파란색 : 정상적인 스윙궤도, 빨간색 : in → out 스윙궤도

볼이 타겟으로 방향을 잡아주는 역할은 왼팔이, 거리를 멀리 보낼 수 있게 일정하고 큰 원을 그리며 클럽을 강하게 던져주는 역할은 오른팔이 하게 된다. 왼쪽 다리는 완전히 고정된 축 역할을 하게 된다.

그리고 폴로 스로우 동작에서는 상체의 중심 높이가 임팩트 때의 중심 높이와 똑같이 유지되도록 최대한 노력하여야 한다. 특히 머리의 위치와 모양은 임팩트 때의 모양과 같아야 한다. 즉, 임팩트 후 팔과 클럽은 목표 방향으로 움직였지만 머리의 모양과 위치는 임팩트 한 지점을 주시하고 있어야 한다.

임팩트와 폴로 스로우는 시간차가 없이 동시에 이루어지므로 동작이 거의 같다.

임팩트, 폴로 스로우에서 하면 안 되는 동작들

1. 헤드업 : 볼을 빨리 보기 위해 임팩트 전에 타겟 방향을 바라본다.

"헤드업이 습관화 되면 이것을 고치는데 몇 년이 걸린다."라는 말이 있는데, 이것은 그만큼 헤드 업 방지가 중요하면서도 고치기가 어렵다는 뜻이다. 슬라이스의 원인이 된다. 반드시 볼이 있던 위치를 보고 있어야 한다.

2. 오른 손바닥이 하늘방향을 본다 : 볼을 퍼 올리는 동작으로 거리, 방향 모두 실패를 하게 된다.

파란색 방향으로 헤드가 진행해야 하는데 빨간색 방향을 헤드가 가면 안 된다.

3. 왼쪽 허리와 어깨가 빨리 열린다 : 임팩트 되기 전에 허리와 어깨가 열리므로 슬라이스의 원인이 된다.

볼이 임팩트되기 전에 벨트 버클이 보일정도로 허리가 빨리 돌아가면 손목이 먼저 나오게 되어 헤드는 열리게 되어 슬라이스의 원인이 된다.

파란색 라인에 클럽페이스 와야 하는데 허리가 빨리 돌아가면서 열리게 되어 붉은색 라인으로 열리면서 볼이 비켜 맞아 슬라이스가 발생한다.

4. 오른팔에 과도하게 힘이 들어간다 : 클럽 헤드가 왼쪽으로 빨리 돌아 훅의 원인이 된다.

임팩트 혹은 그 직후에 오른 손등이 전방을 보면 헤드는 닫히게 되어 악성 훅이 발생한다. 즉 폴로 스로우가 없다.

즉 이 때의 헤드 위치는 파란색에 있어야 하는데 오른손목이 과도하게 꺾이면서 붉은색 위치에 가게 되어 화살표 방향으로 스윙을 하게 된다.

5. 임팩트 직전에 오른쪽 팔꿈치가 빨리 펴진다 : 오른팔 팔꿈치가 빨리 펴져 클럽 헤드가 닫혀서 악성 훅이 된다.

오른 겨드랑이가 떨어지면서 오른팔이 펴져
악성 훅이 나는 임팩트 (×)

오른쪽 겨드랑이가 붙어있고 임팩트 직전까지
오른팔이 접혀있는 임팩트 (O)

6. **상체가 하체보다 먼저 움직인다** : 상체(특히 머리)가 타겟 방향으로 미리 움직이면 클럽 헤드가 볼을 엎어 치게 된다. 악성 훅의 원인이다.

연습방법

양팔과 몸의 일체감을 높이는 연습으로는 수건을 양팔 겨드랑이에 끼우고 임팩트 직전부터 연습을 한다. 이때 백스윙을 허리높이 지면과 평행하게 되는 지점까지 하고 임팩트 이후 폴로스루우도 지면과 평행하게 되는 지점까지 수건이 떨어지지 않도록 스윙연습을 한다.

왼발 옆에 목표와 평행하게 클럽을 놓고 폴로스루우 때 팔과 클럽을 바닥에 놓여 있는 클럽에 정확히 올려놓은 후에 피니쉬로 가는 연습을 하면 임팩트도 견고하고 정확한 폴로스루우를 할 수 있게 된다.

평상시 연습 때 타겟 방향에 서있는 사람과 오른손으로 악수한다는 이미지로 연습하면 좋다.

폴로 스로우의 체크포인트는 그립을 잡은 양손이 왼쪽 허리 높이에 위치했을 때이다. 이때 클럽 페이스가 몸 뒤쪽을 향해있고 샤프트가 비구선과 평행하다면 폴로 스로우가 잘된 것이다.

(6) 피니쉬(Finish)

스윙의 마지막 자세인 피니쉬는 골프 스윙에 있어서 가장 멋있어 보이는 동작이 아닐까 싶다. 그래서 많은 프로골퍼 사진들을 보면 가장 많이 나오는 포즈가 바로 피니쉬 동작이다. 피니쉬 동작이 그다지 중요하지 않다고 생각하는 골퍼도 있을 수 있지만 스윙 자체가 잘못되었다면 정확한 피니쉬를 하고 싶어도 할 수 없게 되고, 중심축을 잃어 비틀 되거나 임팩트만 하고 만다.

피니쉬는 폴로 스로우에서 허리를 턴하는 동작만 추가되면 된다.

다만 올바른 임팩트와 올바른 폴로 스로우에서 올바른 피니쉬가 형성된다는 것을 알아야 한다.

이상적인 피니쉬 자세는 시선과 배꼽은 타겟을 바라보고(상체는 타겟 방향으로 90° 돌아가 있다). 허리는 곧게 펴고 무게중심을 왼발에 95%이상 두고 그 왼쪽 무릎은 곧게 펴져 있다. 배를 약간 내민다는 생각으로 오른발은 90도로 돌아가서 뒤꿈치를 들고 앞꿈치를 세워 중심의 균형을 잡는다.

왼팔과 왼쪽 겨드랑이는 거의 80~90° 정도 각이 생기게 되며 오른 어깨가 턱 밑에 가까이 오도록 하고 팔은 자연스럽게 그립을 잡고 있다.

가장 이상적인 것은 피니쉬 자세를 기준으로 측면에서 보았을 때 상체와 하체가 일자로 보이는 게 좋으며, 정면이나 후면에서 보았을 때 허리 각도를 어드레스 시 유지했던 각도를 유지하는 것이 중요하다.

연습장에서 볼을 칠 때는 피니쉬 자세를 쉽게 취할 수 있지만, 실제 필드에서 피니시 자세를 제대로 취하기가 어렵다. 연습장에서 스윙을 끝났다고 생각하는 시점에서 그냥 클럽을 내

려서 끝내지 말고 그 위치에서 올바른 피니쉬 자세를 만들고 10초 동안 멈추었다가 클럽을 내려놓는 연습을 해야 한다. 이렇게 반복 하다보면 근육이 그 동작을 기억하게 되어 실전 게임에서 좋은 피니쉬 동작이 만들어 진다.

어드레스에서 피니쉬에 이르기까지 일련의 스윙 과정 중 가장 중요한 단계는 무엇일까? 많은 초보자는 임팩트를, 구력이 10년 쯤 된 골퍼는 백스윙과 다운스윙도 중요하게 생각하는 반면 싱글 골퍼는 임팩트 이후의 폴로스루우나 특히 피니쉬를 중요하게 생각한다. 백스윙부터 임팩트까지 중요하지만 폴로 스로우와 피니쉬 동작이 전체 스윙 과정이 얼마나 잘 이루어졌는가에 대한 결과물이기 때문에, 이 자세가 중요 하다. 즉, "화룡점정"이라는 말처럼 피니쉬 자세가 완벽해야 전체 스윙도 완벽하다 하겠다.

올바른 피니쉬 자세는 I자 일까? 역C자 일까?

역 C자형 피니쉬는 한 때 교과서적인 스윙 자세로 보편화 되어 지금에까지 이어지고 있다. 어드레스 자세를 기준으로 정면에서 바라보았을 경우 피니쉬를 한 허리의 각도는 마치 C자를 뒤집어 놓은 형태를 취하기 때문에 "역 C자형 피니쉬"라고 한다. 역 C자형 피니쉬는 어깨가 허리 뒤쪽까지 돌아가는 것을 정석으로 하기 때문에 상체의 회전이 커서 파워나 비거리에 좋은 것으로 알려져 있다.

I자형 피니쉬　　　　　　　역 C자형 피니쉬

역 C 자형 피니쉬 자세

이런 자세는 아주 유연성이 좋은 어릴 때부터 골프를 배운 선수들이 하는 자세이지 나이 30대 이 후 부터 골프를 배운 아마추어는 만들기 힘든 자세이다. 만약 그런 자세를 시도하면 그만큼 허리에 굉장한 무리가 가는 자세이기도 하다. 골프 스윙에 소요 되는 시간은 보통 2초 미만이라고 하는데, 이 2초 동안 허리는 체중의 8배에 달하는 압력을 받는다. 이런 피니쉬 자세를 유연성이나 근력이 부족한 초보자나 아마추어 골퍼들이 반복적으로 취한다면 자칫 허리를 다칠 위험이 크다. 또한 허리가 힘으로 인해 체중 이동이 용이하지 않다는 지적도 많다.

때문에 초보자나 아마추어들은 역 C자형자세 보다 I자형 자세가 바람직 하다. I자형 피니쉬는 허리와 어깨를 나란히 돌리기 때문에 허리에 무리가 덜할 뿐만 아니라 오히려 자연스럽고 원활한 상체 회전이 가능해진다는 평을 받고 있다.

키가 작거나 뚱뚱한 체형은 I자형 피니쉬가, 키가 크거나 마른 체형은 C자형 피니쉬가 좀 더 자연스러운 경우가 많다. 자신의 체형이나 스윙 스타일에 비추어 보았을 때 가장 자연스럽고 치기 쉬운 자세를 선택하는 것이 좋다.

I 자형 피니쉬 자세

또한 I자형 피니쉬 자세라고 해서 상체의 앞뒤, 좌우가 모두 통나무 마냥 일자가 되어야 하는 것은 아니다. 어드레스 자세를 기준으로 정면에서 보면 I자의 자세지만, 오른쪽에서 보면 어드레스 때 숙인 허리 각도만큼의 C자 형태가 취해지는 것이 올바른 피니쉬 자세이다.

스윙 시 좋은 피니쉬를 상상하고 샷 이후에 피니쉬를 유지하려는 노력은 좋은 스윙을 만들어주는 지름길이다. 아마추어 골퍼들은 대부분 균형 잡힌 피니쉬를 어려워하는 경우가 있다. 골퍼 중 상당수가 허리 통증을 호소하는데 이는 잘못된 피니쉬의 영향인 경우가 많다.

프로들의 피니쉬 자세에서 배울 것은 균형 잡힌 모습이다. 왼 발을 중심으로 몸이 곧게 서 있고 체중도 왼쪽에 있어야 한다.

아마추어 중 30대, 40대, 50대 등 골프를 시작한 나이에 따라 스윙과 피니쉬 동작이 모두 다르다.

지금 독자의 나이가 30세 이상이라면 과도한 역C자 모양을 만들려고 노력하지 말고 I자 모양의 상체를 유지해야 부상을 방지 할 수 있다.

정면 모습은 I자 모습이고 측면 모습은 어드레스 허리 각도를 유지해야 한다.

- **피니쉬는 선택이 아닌 필수일까?**

선수들의 스윙을 보면 피니쉬를 과하게 하지 않거나 아예 하지 않는 듯 보이는 경우도 있다. 피니쉬를 무조건 끝까지 해야 한다고 알고, 그렇게 연습하는 것에 익숙한 초보 골퍼들 볼 때는 도대체 뭐가 맞는지 혼란스러울 수도 있다.

그러나 선수들의 스윙은 두 가지 포인터에서 봐야 한다.

상황에 따라 가볍게 컨트롤 샷이나 응용된 샷을 만들 때는 폴로 스로우에서 스윙을 마무리 하고 정상적으로 풀 스윙을 할 때는 완전한 피니쉬 동작을 만든다.

초보자는 처음 배울 때 피시쉬 동작을 끝까지 만들어 주는 습관을 몸에 익힌 다음 상황에 따라 가볍게 하고 컨트롤 하는 동작을 만드는 연습을 하는 것이 바람직하다.

- **치고 말면 가다 만다**

볼이 잘 안 맞더라도 샤프트가 자신의 등을 치게끔 자신 있게 끝까지 휘둘러라. 드라이브나 우드 샷을 할 때 팔과 손에 힘이 가득 들어가 피니쉬 없이 "빡"하고 볼을 때리면, 잘 맞은 볼은 출발은 엄청난 스피드로 날아가지만 차츰 휘어지거나 더 이상 뻗지 못하고 힘없이 툭 떨어진다. 골프에서 거리는 힘이 아닌 볼을 치고 지나갈 때의 스피드가 생명이다. 볼을 치고 지나가는 속도가 빨라야 볼을 때리는 힘이 아니다. (물론 힘이 전혀 무시되는 건 아니지만)

초보자가 스윙을 부드럽게 잘하려면

- **클럽헤드 스피드 죽이는 임팩트에 대한 집착 금물.**

  초보자들은 임팩트 때 파워만 중시하는데, 볼을 조준해서 때리려는 의식이 강해지면 팔과 손목에 강한 힘이 작용하여 정작 중요한 임팩트의 순간에 볼을 때려 미스 샷이 된다. 클럽 헤드로 볼을 때리기 보다는 치고 지나간다고 생각하고 클럽 헤드 스피드를 향상시킬 수 있는 스윙을 해야 한다. 신체의 파워 존(등, 허리, 허벅지)의 꼬임과 풀림의 원리를 프로에게 배워라. 글로 표현하는 것은 한계가 있다.

- **폴로 스로우에서 헤드스피드를 최고로.**

  다운스윙 시작부터 팔에 힘을 강하게 주고 클럽을 내려치면(대부분 초보자들이 이렇게 스윙을 한다) 2시 방향에서 강하게 클럽헤드 지나가는 소리가 나면서 정작 임팩트 시 스피드는 줄어드는 것이다. 손목에 힘을 빼고 부드럽게 파워 존 턴을 하면 폴로 스루우에서 헤드 스피드가 더 나게 된다. 그러나 이런 정도의 스윙을 하려면 많은 연습과 시행착오를 거쳐야 가능하다. 좋은 프로라면 연습시간과 시행착오를 최소화 해 주어야 한다.

- **정지한 볼은 특정한 목표가 아니다.**

  특정한 목표(볼)를 정하고 그 목표물을 조준하고 때리려고 하기 때문에 힘이 들어가서 스윙이 망치게 된다. 스윙 궤도에 모두 볼이 놓여있고 그 볼을 하나하나 치고 지나간다는 생각으로 스윙을 해야 스윙이 자연스럽게 나온다.

- **클럽을 목표 방향으로 던진다.**

  목표 방향을 향해 클럽 헤드를 던진다고 생각하고 볼을 치고 지나간다면 만족할 만한 임팩트가 완성된다. 그러나 초보 때는 누가 클럽을 빼앗아 갈까봐 죽을 각오로 그립을 쥐고 있어 스윙을 망치게 된다. 볼을 친 후에 클럽헤드 속도가 최고점에 이르게 된다면 놀랄만한 비거리가 뒤따라올 것이다.

- **스윙 궤도는 4시에서 10시 방향**

  정상적인 스윙궤도는 3시에서 9시 방향이 되겠지만 실제로 많은 초보자들이 스윙 하는 것은 2시에서 8시 방향으로 스윙하는 것을 보게 된다. 이것은 다운스윙 시 허리(파워 존) 턴 보다 팔로 볼을 때리려는 욕심에 오른쪽 어깨가 먼저 왼쪽으로 움직이기 때문이다. 이것을 예방하려면 클럽 헤드가 4시에서 10시 방향으로 가도록 스윙한다고 생각하고 연습해야 3시에서 9시 방향으로 스윙을 하게 된다.

• **손목을 의식적으로 돌리면 안 된다.**

임팩트 후 손목의 릴리스는 의식적으로 하면 안 된다. 클럽 헤드가 가는대로 손이 따라가면서 자연스럽게 오른 손등이 전방을 봐야지 내가 힘으로 손목을 돌리면 돌려주는 타이밍에 따라 볼의 구질이 바뀌게 된다. 손목을 너무 빨리 돌리면 클럽페이스를 닫혀 볼이 훅 방향으로 높이 뜨지 못하고 왼쪽으로 굴러 가게 된다. 반대로 너무 늦어지면 페이스가 오픈되어 오른쪽으로 높이 뜨고 슬라이스가 난다. 손목에 힘을 빼고 헤드가 돌아가는 대로 양손이 따라가야 한다. 그래야 자연스럽게 손목 릴리스가 된다.

※ 스윙의 단계별 올바른 동작과 실수하기 쉬운 것들 정리 해 보기로 한다.

스윙은 어드레스-테이크 백-백스윙 탑-다운스윙-임팩트-팔로 스로우-피니쉬 동작으로 이어진다.

백 스윙은 힘을 모으는 과정, 임팩트는 힘을 볼에 전달하는 단계, 폴로 스루는 힘을 오랫동안 지속시키는 역할을 한다. 그리고 그 결과는 피니쉬 자세에서 그대로 드러난다.

전문가는 피니쉬 자세만 봐도 샷이 잘됐는지 아닌지를 구분할 수 있다.

• **어드레스(Address)**
- 볼 위치는 가운데, 그립은 왼 허벅지 안쪽으로 핸드 퍼스트(Hand First) 시켜준다.
- 오른쪽 어깨는 오른손이 밑으로 내려 온 만큼 오른쪽으로 쳐진다.
- 오른손 바닥과 목표 방향은 정면으로 일치 되도록 한다.
- 체중은 양발에 50 대 50으로 하고 양발 뒷꿈치에 체중을 60%이상 두고 밸런스 유지한다.
- 양손과 몸 사이의 간격은 주먹 한 개 반에서 두 개 정도 이격시켜 주는 것이 좋다.
- 힙은 뒤로 조금 빼고 상체를 곧고 세우고 머리는 들고 시선만 볼을 주시한다.

• **테이크 백 (Take Back)**

시작이 반이란 말이 있다. 스윙의 첫 번째 단계이자 출발점이고, 가장 실수를 많이 하면서도 집중하지 않는 부분이다. 테이크 백이 잘못되면 그 뒤에 연결되는 동작은 제대로 나오기 어렵다.

그러나 대다수의 초보자나 아마추어 골퍼들은 이런 사실을 망각한 채 임팩트 동작에 치중한다.

올바른 테이크 백의 요령은 다음과 같다.
- 양팔은 삼각형을 그대로 유지하면서 왼쪽 어깨를 시작으로 상체 전체를 우측으로 회전한다.
- 그립 끝이 배꼽을 향하게 해야 한다.(몸을 돌려야 된다는 뜻. 손과 팔만 우회전하면 그립 끝이 목표방향을 보게 된다)
- 손목을 꺾거나 오른 팔을 접으면서 클럽을 당기지 않도록 주의한다.
- 어깨와 허리는 체중 이동을 느낄 정도로 자연스럽게 우측으로 회전한다. 이때 머리부터 힙까지 척추의 축은 우로 밀면 안 된다.(72쪽 사진참조)
- 시선은 고정하고, 클럽 페이스가 정면으로 향할 때 까지만 하면 된다

• 코킹(75쪽 위 사진참조)
- 클럽페이스가 정면을 볼 때 왼손 엄지손가락 방향으로 클럽을 들어 올린다.
- 가파르고 급하게 들면 몸이 균형을 유지하기 힘들고 자세가 흐트러져 미스샷의 원인 된다.
- 클럽을 자연스럽게 들어 올리면서 어깨와 허리를 우측방향으로 완전히 회전 시킨다.
- 턱 밑에 왼쪽 어깨가 위치하고 시선은 볼을 보고 있다.
- 클럽을 들어 올리는 동안 오른 손목은 뒤로 제치고 왼 팔과 왼 손등은 곧게 편다.(78쪽 아래 사진참조)

• 탑
- 이때 체중은 우측다리에 싣고 상체를 뒤로 저치지 말아야 한다.
- 오른 팔꿈치는 지면과 수직이 되게 하여야 한다. 팔꿈치가 V자 모양이나 몸 뒤로 빠지는 자세는 안 된다.
- 상체는 어드레스 시 허리를 숙인 만큼 볼 방향으로 숙여져 있다.(76쪽 위,아래 사진참조)
- 왼쪽 어깨는 턱 밑에 위치하도록 해야 하며, 시선은 볼을 봐야 한다.

• 다운스윙
- 다운스윙의 의미를 체중이동(하체리드, 허리 턴 등 같은 의미) 이라고 머리에 넣어 두고 시작하라.

- 다운스윙의 시작은 팔이 아니고 지면으로부터 가까운 무릎, 허리부터이다.
- 꼬인 허리를 풀다 보면 오른쪽 겨드랑이가 자연스럽게 밀착된다.
- 이때부터 몸과 팔이 하나가 되어 같이 회전(우에서 좌로)하며 체중이 왼 다리로 이동하게 된다.(79쪽 연속 사진참조)

• 임팩트
- 코킹을 시작한 위치까지 코킹을 풀지 않고 다운스윙으로 내려와 코킹을 시작한 그 위치에서 코킹을 풀면서 클럽 헤드가 빠르게 볼을 치고 지나간다.
- 왼다리에 체중이 모두 실리며 오른팔의 상박은 몸에 붙어 있고 팔꿈치는 약간 접혀 있다.
- 이때 시선은 볼에 집중되어야 하며 클럽이 볼을 치고 지나가는 것을 눈으로 확인하고 고개를 들어야 한다. 많은 초보자들이 볼 날아가는 것이 궁금하여 임팩트 이전에 벌써 고개를 들어(헤드업) 가슴과 왼쪽어깨가 열려 슬라이스의 원인이 된다.
- 누구나 강하게 치고자 하는 욕심이 앞선다. 그 욕심이 정확한 임팩트를 못하게 만들어 미스 샷을 유발한다.
- 팔과 손의 강한 힘이 볼을 멀리 보내주지 못한다. 멀리 보내려면 더 부드러움과 빠른 스윙을 프로에게 배워라. 시간이 제법 많이 필요하다.(85,86쪽 사진참조)

• 폴로 스로우(Follow through)
- 끝이 아닌 또 다른 시작이다.
- 폴로 스로우와 피니쉬는 스윙을 마무리 짓고 끝내는 동작이지만 볼을 똑바로 멀리 보내주는 시작이다.
- 폴로 스로우를 정확하게 못하는 것은 다운스윙과 임팩트부터 잘못 되었기 때문이다. 임팩트는 좋았는데 폴로 스로우가 나쁘다? 건 아니다. 스윙이 워낙 빠른 속도로 진행되기 때문에 구분해서 할 수 있는 동작이 아니다.
- 클럽페이스에 볼이 붙어 있는 순간이 있다. 그 순간이 거리와 방향을 결정하게 되는데 왼팔이 목표방향으로 리드하면서 오른팔은 자연스럽게 따라간다. 동시에 오른 팔꿈치도 펴지면서 양팔이 삼각형이 형성된다.
- 이 때 시선은 계속 처음 볼의 위치를 보고 있다.
- 몸을 지탱하는 축은 왼다리며 양다리 허벅지는 붙기 직전이며 오른 무릎은 살짝 접히고 오른발 엄지발가락만 지면에 붙어있다.

- 팔과 손의 힘으로 클럽을 맘대로 휘두르면 위와 같은 자세가 만들어 지지 않는다. 허리 턴에서 생긴 회전력을 바탕으로 팔과 손이 볼을 치고 지나가면 폴로 스로우와 피니쉬가 잘 만들어 진다.
- 폴로 스로우가 짧으면 왼 팔꿈치가 접히면서 먼저 몸쪽으로 클럽이 당겨져 임팩트 존을 제대로 통과지 못하고 비켜 맞으면 슬라이스나 엎어 맞으면 훅 구질이 나온다. 또한 클럽 헤드에 충분한 힘이 전달되지 않아 비거리의 손실이 생긴다.

• 피니쉬(Finish) (100쪽 사진참조)
- 폴로 스로우를 지나면서 왼쪽 허리부터 어깨위로 양팔이 올라가면서 피니쉬 자세를 만든다
- 허리 턴으로 만들어진 회전력으로 볼을 치고, 폴로 스로우를 지나 그 스피드로 마무리 짓는다.
- 가슴(배꼽, 벨트의 버클 등)과 시선은 볼 날아가는 방향을 향하고 있다.
- 왼다리에 체중이 완전히 실리고 양 허벅지는 붙어야 하며 오른 무릎은 약간 접혀있고 오른발은 신발의 앞만 바닥에 닿고 신발 바닥은 목표 반대 방향을 보고 있다.
- 클럽은 등 뒤로 넘어가서 샤프트가 왼쪽 어깨에서 오른쪽 힙 방향으로 위치하게 되며 양 손은 왼쪽 귀 높이에 위치하고 양 팔꿈치는 약간 조여 주는 듯 한 느낌을 가지면 된다.

5. 어프로치(Approach)

드라이브 잘 치고 아이언 잘 치면 어프로치가 뭐 더 필요 있겠는가…..

애석하게도 골프라는 게 그리 호락호락 하지 않다. 매일 연습하는 프로들도 그린의 원하는 위치에 볼을 올리는 게 쉽지가 않다. 초보자나 아마추어는 핀 주변이 아니고 넓은 그린에 올리는 것 자체가 어렵다. 아이언의 정확도가 떨어지기 때문이다. 볼이 On Green 안 되었을 때 핀에 가까이 붙이는 기술이 어프로치이다. 비록 Par on(Par 3 홀에서는 1on, Par 4 홀에서는 2on, Par 5 홀에서는 3on을 Par on이라고 한다)은 못했지만 어프로치를 정확하게 하면 Par를 지킬 수 있는 것이다.

필자의 의견은 아마추어 골퍼 남성은 50m이내 여성은 30m 이내의 볼을 핀 가까이 붙인다면 상당한 수준급(80대 초,중반)이라 하겠다. 그 만큼 어프로치가 어려운 것이다. 프로들은 어프로치 연습에 상당히 많은 시간을 투자하는 데 그만큼 중요하고 스코어에 가장 큰 영향을

미치기 때문이다.

어프로치샷은 동물적인 감각이 더 중요하게 여기는 프로도 있고, 기계적인 스윙을 더 중요시 여기는 프로도 있다. 그러나 이 두 가지 모두 엄청난 연습량이 있어야 가능하다. 초보자는 연습장에서 어프로치를 연습할 때에는 10m 단위로 나누어 연습하는 것이 효과적이다.

어프로치 샷은 기본이 중요하다. 아마추어들은 보통 아이언샷의 축소판으로 생각하기 쉬운데 그렇지 않다. 아이언 샷과 어프로치 샷은 완전히 다른 샷이다. 개인에 따라 P, 52°, 56°를 많이 사용한다. 정답은 없다. 어느 클럽으로 많은 연습을 했느냐가 중요하다. 선택한 클럽으로 집중적으로 거리를 측정하면서 연습해야 한다. 어느 정도 연습이 되었다고 판단되면 실외 연습장에 조성해 놓은 Par 3 연습장에 가서 백스윙 크기와 거리를 측정해 봐야 한다.

고난도 기술을 요하는 어프로치 샷은 상급자용 교재에서 다루기로 하고 여기는 가장 기본이 되는 어프로치에 대해서 설명하고자 한다.

필자의 경험으로 10~30m 이내 샷과 40~70m 이내 샷으로 구분해서 52° 웨지를 기준으로 설명하고자 한다.

1) 볼과 핀과의 거리가 30m 이내

1. 왼발은 오픈 시키고 양발 뒤꿈치의 간격은 5~10cm 정도로 한다.
2. 핸드 퍼스트 자세를 취한다. 그립은 5cm 정도 짧게 잡는다.
3. 양 무릎을 약간 굽히고 체중은 왼발에 80% 준다.
4. 볼은 우측 발 앞에 놓는다.
5. 손목의 코킹이 없다.(핸드퍼스트가 약간의 코킹을 하고 있다)

6. 어깨 턴으로만 진자운동처럼 스윙을 한다.
7. 백스윙 크기로 거리를 조절 한다.

위 세 사진의 손목 각도는 동일하고 10m를 보낸다고 했을 때의 백스윙의 크기이며 백스윙과 폴로 스로우 스윙의 크기가 동일하다. 짧은 거리(30m 이내)일 때는 위와 같은 자세로 어깨 턴으로만 어프로치를 한다. 이때 손목의 변화는 없어야 한다. 백스윙 크기로 거리 조절.

2) 40~70m 이내

볼과 핀과의 거리가 40m를 넘어가면 스윙이 커진다. 짧은 어프로치와는 전혀 다른 풀스윙에 가까운 스윙을 해야 한다.

1. 양발을 골반 넓이만큼 벌린다(정상스탠스보다 조금 좁다).

2. 체중은 양발에 균등하게 준다.

3. 볼은 가운데 혹은 오른쪽으로 볼 한개 정도 놓는다.

4. 거리에 따라 코킹과 체중이동을 해야 한다.

5. 백스윙한 만큼 폴로 스로우를 한다.

6. 백스윙 크기로 거리를 조절한다.

백스윙 크기 만큼 폴로 스로우. 이렇게 체중이 왼다리로 넘어가야 한다.

3) 40m 이상의 거리에서 가장 많이 하는 실수

초보자가 가장 많이 하는 실수 : 백스윙 하면서 오른다리로 옮긴 체중을 왼다리로 옮기지 못하고 팔로 다운스윙을 하여 뒤땅을 친다. 또 헤드업이 빨라 공의 중간 부분을 쳐서 그린을 넘겨 버린다.

아래 사진을 보면 체중이 오른다리에 그냥 남아있어 뒤땅을 치는 모습.

뒤땅 때리는 모습 – 체중이 오른다리에 남아있는 모습

그린을 가운데 두고 거듭되는 미스 샷으로 양쪽을 넘나드는 이른바 '냉탕 온탕'을 주말골퍼라면 한두 번쯤은 경험했을 일이다. 이렇게 숏 게임을 망치는 가장 큰 원인은 어프로치이고 웨지다. 초보자들은 지금도 연습 비중을 드라이브에 초점을 두고 있어 낭패를 본다. 드라이브와 아이언이 조금 안정이 되면 반듯이 거쳐야할 과정이 어프로치이다.

백스윙 시 오른다리에 체중이 임팩트 시 왼다리로 체중이동을 못한 것이다.

팔로만 스윙을 했기 때문에 뒤땅을 치는 것이다.

(1) 어프로치 샷(Approach shot) 종류에 대해 알아보자.

어프로치샷은 크게 나누어 4가지 종류가 있고, 이 외에도 상황에 따라 치는 방법이 많다.

1. 칩샷(Chip shot)

손목만 움직여 볼을 짧게 친다.

전면에 장애물이 없을 경우 볼의 탄도를 낮게 하여 굴리는 샷.

P, 9I, 8I 을 사용하는 게 좋은데 7I 이상의 클럽으로도 사용 가능하다.

칩샷으로 홀인하면 이것이 칩 인(Chip-in)이라고 한다.

2. 피치 샷(pitch shot)

샌드웨지와 같이 로프트가 큰 숏 아이언으로 볼을 높게 날려 온 그린 혹은 핀에 붙이는 샷. 전면에 해저드나 벙커 등 장애물이 있을 때 주로 사용한다.

3. 피치 앤드 런(pitch and run)

볼을 띄워 낙하한 후에 구르도록 하는 타법. 핀의 위치와 그린 사이에 여유가 있을 때 사용한다.

4. 로브 샷(lob shot)

60~65° 웨지를 사용, 아주 높게 볼을 띄워 그린에 떨어뜨린 다음 구르지 않도록 백스핀을 거는 타법.

그린 앞쪽에 핀이 꽂혀있는 경우, 핀이 경사지에 있어 볼이 굴러 핀에서 볼이 멀어 질 경우 등 러닝어프로치 등 응용된 어프로치 샷 등 더 자세한 내용은 상급자용 책에서 설명하기로 한다.

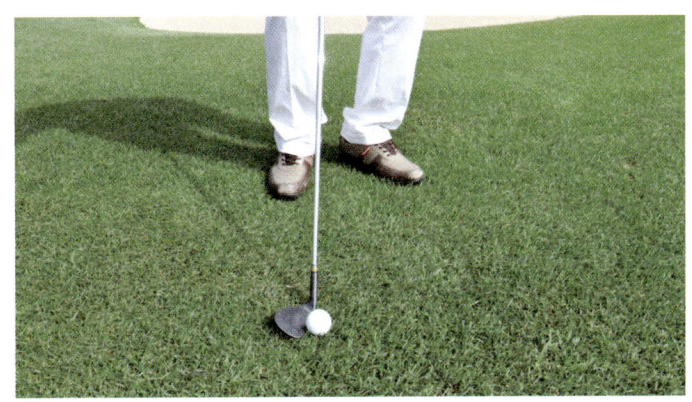

(2) 실력에 따른 어프로치 연습

프로들의 경우에는 100미터 이내에서 핀에 얼마나 가깝게 붙일까요?

평균적으로 7미터 이내에는 붙인다고 한다.

그리고 18홀의 85%정도인 15홀 이상 파 온을 시킨다.

100타를 치는 골퍼의 경우에는 파 온을 시키는 경우가 1~2번 정도도 나오기가 어렵고, 90타대의 골퍼는 5번 정도이고, 80타대는 10~12번 정도 그리고 70타대를 치는 골퍼는 13~14번 정도라고 봐야할 것이다.

프로들의 15개 파 온 하고 아마추의 고수들의 13~14개의 파 온은 같이 비교 할 수 없다. Tee Shot 하는 위치가 다르므로. (Blue Tee, White Tee 등)

그린에 올리지 못했을 경우 초보자는 그린과 멀리 떨어진 곳에서,

싱글의 경우에는 그린주변에서 어프로치를 하게 되는 경우가 많다.

그러므로 어프로치를 연습하더라도 자신의 실력에 따라서 연습을 하는 거리가 달라지게 하는 것이 효과적이라고 할 수 있다.

초보자는 주로 50 ~ 70m 안쪽의 거리를…

90타대의 골퍼는 30 ~ 50m의 거리를…

80타대의 골퍼는 30m 이내의 거리를 연습하는 것이 좋다.

그린주변에서 숏 게임 능력은 타수를 줄이기 위해서는 반드시 익혀야 할 중요한 골프 기술이다.

골프 격언 중에 "할 수 있으면 퍼팅을 하고 어프로치는 하지 않으면 안 되는 상황에서만 하라" 그린 주변에서 취해야 할 우선순위에 대해 간단명료하게 지적하고 있다.

이는 볼을 띄워서 원하는 만큼 보내는 것이 굴려서 보내는 것보다 훨씬 어렵다는 뜻도 된다. 타수를 줄이려는 주말 골퍼들은 그린 주변 샷을 하기 전 반드시 상기시켜 볼 내용이다.

그린 주변에서는 초보자는 볼을 띄우는 것이 참으로 어렵다. 띄우는 어프로치보다 볼을 굴려주는 칩샷이나 러닝어프로치를 중점적으로 연습하는 것이 비교적 좋고 연습 방법이다. 80대 골퍼는 여러 종류의 상황별로 연습을 하는 것이 좋겠다.

초보자는 본인이 자신 있는 한가지의 클럽으로 연습을 하며 스윙의 크기로 거리를 조절하는 것이 좋고 80대 골퍼는 여러 종류의 클럽을 사용해서 연습하는 것이 좋다.

스코어가 90타대 정도가 나오게 되면 그때부터는 드라이버나 아이언의 정확성이 약간 달라질 뿐 대부분은 숏 게임에서 스코어가 결정되므로 스코어를 낮추려면 자신이 어떤 숏 게임이 부족한지를 알고 연습하는 것이 좋다.

그리고 연습량도 드라이버나 아이언 보다 숏 게임과 퍼팅에 더 많은 비중을 두고 하는 것이 좋겠다.

(3) 어프로치의 중요 포인트는 방향성... 그리고 거리감.

거리감을 유지하기 위해서는 클럽별 풀 스윙을 체크하는 것이 중요하고 방향성을 위해서는 손목의 움직임을 최소화해야 한다.

◆ 52° 웨지로 m별 좌 우 거리 맞추기

필드를 다니기 시작하였으면 숏 게임이 얼마나 중요한지는 잘 알게 될 것이다. 그러나 연습환경이 열악한 현실에서 어프로치를 정교하게 연습할 공간이 많지 않다보니 제대로 된 연습을 하지 못하고 있는 현실이다.

특히 실내연습장에서 연습을 하거나 레슨을 받는 아마추어는 더욱 공감할 것이다. 그러나 상황만 탓 할 것은 없다. 실내에서도 이미지트레이닝으로 거리에 맞는 스윙을 만드는 연습을 할 수 있다.

먼저 어프로치 클럽을 P, 52°, 56° 중 자신 있는(연습을 많이 한) 클럽을 선택하여 10m, 20m, 30m, ~ 90m 거리에 맞는 단계별 연습을 한다면 어프로치를 정교하게 할 수 있다.

단계(10m, 20m, ~ 90m)를 적용해서 연습하는 방법을 소개해 하면.

52° 웨지를 기준으로 90미터를 치는 골퍼라면 10m부터 90m까지를 적용하면 된다.

스윙 크기를 9단계로 나누는 것이다.

10m부터 시작해서 20m, 30m, 40m......90m에 이르기 까지 동물적인 감각과 기계적인 스윙의 크기로 자신만의 스윙을 만드는 것이다.

- 10m

백스윙 크기는 좌우 같고 어깨 턴 으로만 한다. 시선은 볼 : 어깨 턴으로 오른발에서 약 40~50cm 우측으로 백스윙, 반대로 왼발에서 약 40~50cm 좌측으로. **이때 반드시 어깨 턴만 해야 하고 손목의 변화가 있어서는 안 된다.**

볼의 위치는 오른 발 앞이다.

- 30m

10m보다 어깨가 더 돌아가 있고 시선은 볼. 코킹 없음

어깨의 좌우 턴으로만 볼을 치고 나간다. 백스윙 크기로 거리조절.

양손이 허리 높이에 올 정도로 어깨 턴을 하고 손목의 변화는 없다.

40m가 넘어가면 볼의 위치는 오른발 앞에서 양발 가운데로, 스탠스는 짧은 아이언샷과 동일하게, 코킹, 체중이동도 해야 한다.

- 50m 코킹시작, 볼 위치 가운데. 오른다리에 있는 체중을 왼다리로 옮김.
체중이동을 하면서 코킹을 풀고 임팩트 후 폴로 스로우.
백스윙 크기만큼 폴로 스로우를 한다. 볼의 위치는 양발 가운데에 가깝다.

- 70m 풀스윙에 가까운 스윙

- 90m 풀스윙

5m의 단위는 예를 들면 45미터의 거리를 보내야 한다면 백스윙은 40m 크기로 하고 피니쉬는 50m의 피니쉬로 하면 된다.

75미터라면 백스윙은 70m로 하고 피니쉬는 80m의 크기로 하면 된다.

만약 풀스윙의 거리가 80미터를 나가는 골퍼라면 10m ~ 80m까지만 하면 된다.

실내연습장에서 연습을 하고 실외에서 점검하고 실제 라운드를 하면서 자신이 연습한 단계별 거리측정이 맞는지 확인해 보면서 수정하면 된다.

이 연습법이 잘 맞지 않는다면 임팩트 때 손목과 팔에 힘이 들어가 힘으로 거리를 조절하고 있지 않나, 볼을 클럽 헤드로 때리지는 않나 등 확인해 볼 필요가 있다.

◆ 초보자가 많이 실수를 하는 부분이 바로
 - 다운스윙 때 거리가 많이 날 것이 염려되어 클럽이 공을 치고 지나가는 속도를 줄이는 것.(볼을 톡 때리고 만다)

백스윙은 크게 하고 클럽이 볼을 치고 지나가면서 좌측으로 백스윙 한 만큼 우측으로 폴로 스로우가 되어야 하는데 톡 때리면서 클럽이 정지하는 동작. 파란선까지 클럽헤드가 폴로 스

로우를 해야 하는데 빨간선에서 정지한다.
- 헤드업이 빨라 임팩트의 부정확.(탑핑의 원인)

클럽헤드가 볼을 치기 전에 시선은 볼을 보고 있어야 하는데(파란색) 볼의 날아가는 방향으로 고개를 빨리 들어 볼을 보고자 한다.(빨간색) 임팩트 전에 헤드업을 하게 되어 볼의 옆을 치게 된다.

탑핑이 나는 순간

★정말 해서는 안되는 어프로치(목표보다 왼쪽 방향으로)
어깨 턴은 없이 손목만 꺾고 접어 헤드가 닫혀 볼은 왼쪽으로 간다.

6. 퍼트

> ※ **퍼트와 퍼팅의 정의**
> 필자가 대한 골프 협회에 퍼트와 퍼팅의 정의를 문의 했는데 그 결과 이런 답변을 받았다. 협회에는 룰을 상담해주는 전문가가 있다.
>
> 안녕하세요. 대한골프협회 OOO 입니다.
>
> 문의하신 퍼터로 스트로크하는 행위는 퍼트라 하며,
> 퍼트를 실행하는 단계(현재 진행형, ing)를 퍼팅이라 합니다.
>
> 예) "오늘 3 퍼트를 너무 많이 하네요."
> 예2) "퍼팅할 때 만큼은 조금 더 신경 써야겠어요."
> ※ 본 책에서는 초보자의 용어 혼란을 막기 위해서 퍼트, 퍼팅은 "퍼팅"으로 통일해서 용어를 쓰겠다.

Putt(퍼트)란 "가벼운 타구, 가볍게 치다"의 뜻을 가지고 있다.

퍼터란 그린에서 가볍게 쳐서 볼을 굴려 컵에 집어넣는데 쓰이는 클럽으로 타면의 각도가 직각~4° 정도 되는 클럽을 말한다.

퍼터그립은 "이것이 정석이다" 하는 원칙은 없다.

골프 관련 자료에도 "이것이 교과서이다"는 없다.

너무 그립에 신경을 쓰지 말고 손 크기 등을 고려하여 아주 편하게 잡으면 된다. 그러나 기본은 알고 잡아야 한다.

의외로 퍼터 그립을 잘 못 잡아서 그립의 어색함으로 거리와 방향을 손해 보는 골퍼가 많다. 그립만 잘 잡아도 퍼팅의 60%는 완성 되었다 할 수 있다.

1) 퍼터 그립 잡는 방법

우선 퍼터 그립이 어떻게 생겼는지부터 살펴보자. 우드나 아이언 클럽의 그립은 둥글게 생겼다. 하지만 퍼터의 그립은 위쪽은 사각모양이고 아래쪽은 둥근 모양이다.

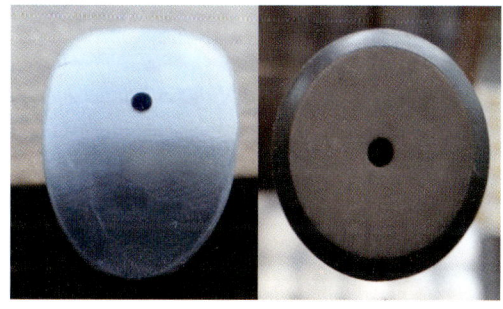

퍼터 그립앤드 모양   일반 클럽 그립앤드 모양

생긴 모양을 확인 한 후 그립 잡는 방법을 보면

(1) 퍼터그립 잡기 1.

1번 지점과 2번 지점을 그립의 왼쪽 면에 대어 준다.

일반 아이언이나 드라이브 그립과 다르게 퍼팅그립은 윗면과 양쪽 옆면이 평평하게 면으로 되어 있고 밑면은 둥글게 되어 있다.

그렇기 때문에 1번 지점과 2번 지점에 대고 있기가 아주 편하다.

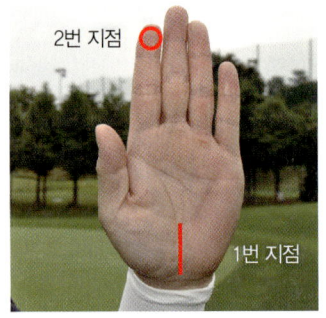

(2) 퍼터그립 잡기 2.

옆의 사진처럼 잡고 있는 손바닥안의 그립의 90도 꺾임(왼쪽 모서리)이 손바닥의 생명선과 왼손 집게손가락 사이에 꼬~~~옥 끼워져 있어야 한다.

(3) 퍼터그립 잡기 3.

옆의 사진처럼 엄지는 그립 윗면에 검지손가락 전체는 왼쪽 면에 붙인다.

이 모양이 퍼팅의 왼손 그립이다.

(4) 퍼터 그립 잡기 4.

오른손 그립을 잡기 전에 왼손 검지손가락을 들어서 오른손 손가락이 들어갈 자리를 확보 해 준다.

(5) 퍼터 그립 잡기 5.

옆 사진은 오른쪽 그립. 왼손 검지를 오른손 새끼손가락위에 가볍게 올려준다. 오른손 생명선에 왼손 엄지가 오도록 한다.

(6) 퍼터 그립 잡기 6.

이제 오른손 엄지손가락만 남았다.

작은 V(브이)를 만들어 준다. 그립에서는 작은 V(브이)의 역할이 중요하다.

작은 V(브이)의 빨간 원안의 꼭지점 부분을 퍼팅 그립의 윗면과 오른쪽 면의 각진 부분에 정확하게 일치 시킨다.

(7) 퍼터 그립 잡기 7.

정면에서 보시면 더 정확히 알 수 있다. 이로써 퍼팅 그립이 완성 된다. 필자가 봐왔던 많은 골퍼 중에 퍼터 그립 제대로 잡은 골퍼가 많지 않다. 모든 스윙이나 스트로크를 잘하기 위해서는 그립을 잘 만들어야만 실력이 증진 된다.

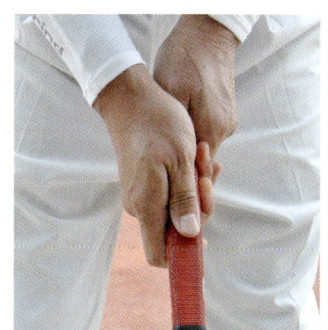  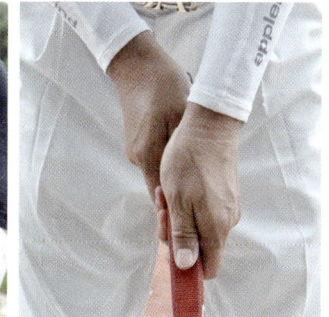

완성된 퍼트 그립의 뒷모습   손의 위치를 반대로 잡은 그립
(왼손이 퍼터 헤드쪽으로 내려온 그립)

왼손이 밑으로 내려가면서 손목을 고정 시키고 스트로크 할 수 있다. 손목이 고정되면서 클럽페이스를 홀컵 방향으로 유지 할 수 있어 방향성이 좋아 진다. 어깨를 수평으로 맞추기 쉽고 어깨로 스트로크 하기 쉽다. 세계 여자 3위인 박인비 선수가 이런 그립을 잡고 있다.

이 그립을 잡는 방법은
1. 오른손 엄지를 그립의 편평한 면과 일자로 놓는다.
2. 왼손 4, 5 번째 손가락을 오른손 위에 올려 잡는다.
3. 양손 엄지 손가락이 일자가 되게 한다.

퍼팅 연습은 우선 퍼터 페이스가 볼을 치고 지나갈 때 손목의 변화가 없어야 내가 원하는 방향으로 갈 수 있다.

퍼터를 굳이 일자로 억지로 빼야 될까? 퍼터는 일자로 빼려고 하면 팔과 손목의 움직임이 많아 부정확한 임팩트로 볼이 목표 방향으로 못가고 만다.

퍼터를 일자로 빼려는 노력보다는 팔과 손목을 고정 시키고 어깨로 백스윙을 하는 것이 보다 중요하다. 퍼터를 어떻게 빼느냐도 중요하지만 퍼터가 목표방향과 스퀘어로 맞느냐가 더 중요하다.

퍼터는 무게중심이 헤드 쪽에 많기 때문에 자연스럽게 시계추처럼 왔다 갔다 하기 쉽게 설계가 되어있다. 예를 들어 한번 왼손이든 오른손이든 한손으로 퍼터연습을 해봐라. 두 손으로 할 때와 큰 차이 없이 스트록이 자연스럽게 이루어진다. 그 감각이 느껴진다면 오른손이든 왼손이든 한손만 쥐고 나머지 손은 자연스럽게 얹어 주는 느낌으로 잡고 퍼팅을 하면 한결 쉽게 스트록을 할 수 있다.

퍼팅을 할 때 중요한 점.

일자로 똑바로 빼려고 하지 말고 스퀘어로 맞는지를 꼭 확인해 봐야 한다. 편하게 빼서 가운데에만 맞추는 연습을 하는 게 도움이 된다.

우선 퍼팅을 할 때 볼의 위치는 어딜까?

보통 우드나 롱 아이언은 왼발에 가깝게, 미들아이언은 양발 가운데 볼을 놓는다. 그렇다면 퍼팅 할 땐? 양발 가운데에서 왼쪽으로 볼 한 개 정도에 위치한다. 즉 퍼팅 어드레스를 한 후 **왼쪽 눈에서 볼을 떨어뜨리면 퍼팅 할 볼 위에 떨어져야 한다.**

볼은 왼발 쪽으로 볼 한 개 위치

이런 기본을 위한 손쉬운 연습방법은 다른 클럽 두 개의 샤프트가 평행하게 퍼터 헤드가 들어갈 정도로만 놓고 그 사이를 천천히 퍼팅 하듯이 좌 우로 진자 운동과 같이 연습하고 익숙해지면 실제로 볼을 놓고 스트록 해보는 것이 퍼팅 할 때 스퀘어로 퍼터가 움직일 수 있게 해주는 연습이다. 이때 퍼터가 좌우로 운동할 때 평행되게 놔둔 클럽의 샤프트를 건들면 안 된다.

또 다른 연습법은 **벽에 머리를 대고 고정시킨 후 퍼터를 122페이지와 같은 방법으로 연습하면 머리가 움직이지 않고 일관성 있게 퍼터를 할 수 있도록 하는 연습 방법**이다. 실외가 아닌 사무실, 집 등 어디든 가능하다.

그리고 틈만 나면 퍼터가 없어도 퍼터를 잡은 것처럼 어드레스를 한 다음 스트록을 연습하면 손목을 쓰지 않고 어깨 턴으로 퍼터 하는 법을 익힐 수 있다.

퍼터를 잘하는 요령은

1. **일단 많이 쳐 봐야 한다.** 집에서 볼 두개를 가지고 하나를 약 3발자국 정도 간격을 두고 볼을 맞추는 연습을 한다. 잘 맞으면 더 멀리…더 멀리…

2. **어깨 턴으로 스윙 리듬을 찾아야 한다.** 어깨를 좌우로 흔들면서 백스윙 크기에 따라 거리를 가늠해 가면서 리드미컬하게 좌우로 천천히 흔들어 본다. 손목의 각이 변하면 볼의 방향도 변한다.

3. **임팩트 직전부터 양손 중 한손을 선택하여 목표방향으로 리드를 해야 한다.** 어깨 턴을 하지만 팔과 손목의 작은 움직임에도 방향이 바뀌게 됨으로 목표 방향으로 선택된 "의식적으로 민다"는 느낌을 가지고 리드를 해야 볼의 방향이 좋아진다.

오른팔이 기준이 되어 밀어줄 때 팔의 위치   왼팔이 기준이 되어 밀어줄 때 팔의 위치

위의 연습으로 퍼터가 자신감이 생기면

1. 바닥에 100원 동전 2개를 포개서 놓고 볼이다 생각하고 퍼터로 쳐 본다. 바닥의 동전 중 밑의 것은 그대로 있고, 위의 동전만 앞으로 10㎝나가야 한다. 다시 말하면 퍼터와 잔디 사이는 동전하나 정도 높이로 스트록해야 정확한 거리가 나온다. 볼의 상단이나 잔디를 먼저 맞히면 거리조절에 실패하게 된다. 동전 두 개 중 위의 동전만 치고 지나간다. 즉 **퍼터와 잔디의 공간이 동전 하나 정도의 높이이다.**

2. 정확한 스트록 연습법

볼을 퍼터 넓이만큼 한 줄에 6~8개 정도를 양쪽에 일렬로 놓고 퍼터가 가운데 볼을 스트록 한다. 퍼터가 다른 볼을 건드리면 안 된다. 프로지망생들은 유리컵을 놓고 한다고 한다. 건들면 깨지게.

컵에 꼭 넣으려고 하다 보면 근육이 긴장되어 실패할 가능성이 높다. 아직 초보단계이므로 컵 가까이 붙인다는 생각으로 방향과 거리의 정확성을 높인다는 생각으로 연습하는 게 좋다.

퍼터 거리계산법

퍼팅 잘하는 방법은 골퍼마다 노하우가 전부 다르고 감도 다르고 퍼팅은 "이게 맞다"라고 하기가 조금은 애매한 부분이 있다. 하지만 모든 클럽이 그렇듯이 퍼팅도 일반 기본이라는 게 있다. 기본 상식이 있으면서 퍼팅을 하는 것과 그냥 감으로 하는 것은 차이가 있고 말 그대로 퍼팅감은 그냥 감이다. 감이 좋은날은 쏙쏙 들어가겠지만 사람인지라 늘 일정한 감을 유지한다는 건 매우 어려운 일이다.

기본을 알고 가면 훨씬 확률도 높아진다.

퍼팅을 할 때 어떻게 하면 컵에 가까이 보낼 수 있을까? 결국 거리를 파악하고 공식에 의해 퍼팅을 하므로 파악된 거리만큼 보낸다. 이 방법은 필자의 방법인데 많은 골퍼들이 하고 있는 것이다. 평지를 기준으로 4걸음~20걸음 까지 거리 계산법이다. 볼을 힘으로 때리는 게 아니라 그냥 치고 지나가는 것이다. 힘으로 볼을 때리면 힘 조절이 안 되기 때문에 거리조절에 실패한다.

1. 성인의 4걸음(한걸음 70cm정도)은 "퍼터 페이스 넓이만큼 백스윙(10~12cm 퍼터마다 길이의 차가 있음). 퍼터 페이스 × 2배를 폴로 스로우" 하면된다.

2. 성인의 8걸음은 "퍼터 페이스 × 1.5배 백스윙, 퍼터 페이스 × 3배 폴로 스로우"

3. 성인의 12걸음은 "퍼터 페이스 × 2배 백스윙, 퍼터 페이스 × 3배 폴로 스로우" 백스윙 크기가 있어서 가속이 붙어 폴로 스로우를 3배만 한다.

4. 성인의 20걸음은 "퍼터 페이스 × 3배 백스윙, 퍼터 페이스 × 4배 폴로 스로우" 백스윙 크기가 있어서 가속이 붙어 폴로 스로우를 4배만 한다.

이 계산법은 평지를 기준으로 부드럽게 스트록을 할 때의 기준이다.

이 방법에서 가장 중요한건 어깨로 좌우 턴을 하면서 퍼터가 우에서 좌로 볼을 치고 지나가야한다. 볼을 힘으로 때려버리면 거리 조절이 안 된다. 그러나 숨은 고수들은 그냥 감으로 때려서 컵에 붙이는 고수도 있긴 하지만 그건 10~20년 동안 누적된 노하우이니 따라하지 말아야 한다.

TV중계로도 보면 그린위에서 선수들이 걸어 다니면서 걸음 수도 세고 라인도 보고 하는걸 쉽게 볼 수 있다. 시합 그린은 일반 아마추어 그린과는 차이가 있지만 선수들은 선수들만의 노하우로 그린스피드를 파악한 후 스트록을 결정하겠지만, 필자의 방법은 평균적으로 일반 아마추어들이 쉽게 거리를 계산해서 스트록에 도움이 되는 방법을 설명한 것이다. 한번 연습해보고 본인만의 노하우로 만들어서 더욱 정확한 퍼팅을 할 수 있어야 한다.

200m 날아가는 드라이버도 한 타요 50cm퍼팅도 한 타다.

똑같은 한 타인데 초보자는 퍼팅연습을 대부분 소홀히 하다 낭패를 당한다.

우선 50cm 내외의 짧은 퍼팅은 생각보다 쉽지 않다. 우리는 TV중계를 통해 프로들이 하는 것만 봐서 쉬운 것 같지만 제일 실수를 많이 하는 것이 짧은 퍼팅이다.

짧은 거리의 퍼팅을 잘하려면 어떻게 해야 할까?
짧은 퍼팅을 할 때 명심할 것은 크게 세 가지이다.

1. 머리가 볼을 따라가면 안 돼!!!!!

머리가 볼을 따라가면 (X)　　　　　　　　　　　머리는 제자리에 (O)
머리가 따라가는 이유는 결과를 빨리 보고싶은 마음이 앞서기 때문이다.

볼을 보지 말고 소리로 확인 할 것. 머리를 고정하고 자신 있게 스트록하는 것이 가장 중요하다.

짧은 퍼팅은 특별한 의미가 있다. 단순히 볼을 굴리는 것이 아니라 그 홀의 경기를 마무리 한다는 뜻을 가지고 있기 때문이다.

만일 30~50cm 내외의 짧은 퍼팅을 놓친다면 그 홀을 마무리하지 못하는 건 물론이고 1타를 잃게 된다.

짧은 퍼팅을 놓치는 건 딱 두 가지 경우이다. 컵보다 왼쪽으로 흐르든지, 오른쪽으로 빠지든지….

필자는 초보자나 아마추어들의 퍼팅이 컵의 왼쪽으로 흐르는 경우를 많이 봤다. 초보자나 아마추어 골퍼가 이런 실수를 하는 이유는 퍼팅을 하면서 머리가 앞으로 따라 나가면서, 오른 손목이 왼쪽으로 돌아가기 때문이다. 머리가 앞으로 같이 나가면 임팩트 때 퍼터 헤드가 닫히면서 볼이 처음부터 왼쪽으로 구르기 시작한다.

2. 퍼터 페이스가 끝까지 목표방향을 향하도록 해야 한다.

짧은 퍼팅은 기술적인 측면보다는 마인드 컨트롤이 더 중요하다. 필자는 짧은 퍼팅을 할 때 방향은 생각하지 않고 약간의 경사는 무시하고 일직선으로 퍼팅을 하려고 노력한다.

방향을 결정하고 볼을 놨으면 망설이지 말고 과감한 스트록을 하는 것이 중요하다. 망설이는 마음, 의심하는 마음이 들면 짧은 퍼팅을 실패할 확률이 높다.

　유의사항 : 퍼팅의 방향도 중요하지만 컵을 지나가게 거리에 집중한다.
　　　　　　끝까지 머리의 위치를 고정한다.
　　　　　　퍼터 페이스를 끝까지 컵 쪽으로 향 한다.

3. 퍼팅 성공 여부, 눈 아닌 귀로 확인(소리로 확인)

　프로 골퍼들도 50㎝ 내외의 짧은 퍼팅을 앞두고 종종 부담감을 느낀다. 특히 대회 마지막 날, 한 타 차이로 우승을 다투는 긴박한 상황이라면 그 부담감은 말로 표현하기 힘들다. 결정적인 찬스에서 짧은 퍼팅을 놓치면서 퍼팅 입스에 걸리는 선수도 꽤 많다. 짧은 퍼팅에 실패하는 가장 큰 원인은 자신감이 부족하기 때문이다.

　목표 방향으로 볼을 굴리기 위해선 퍼팅하는 동안 머리를 고정하고 일직선으로 백스윙했다 컵을 향해 똑바로 퍼터 헤드를 밀면 된다. 퍼터 헤드가 제대로 움직였다면 나머지는 신경 쓸 필요 없다. 볼은 임팩트 때 퍼터 헤드의 움직임에 따라 구르게 되어 있기 때문이다.

　유의사항 : 퍼터 헤드를 끝까지 목표방향으로 밀어준다.
　　　　　　컵에 볼이 들어가는 소리를 귀로 듣는다.
　　　　　　헤드가 볼을 치고 지나간 후에도 머리와 시선은 아래를 향한다.

퍼팅할 때 자꾸 볼을 때리거나 폴로 스로우가 짧은 골퍼를 위한 연습방법.

　초보자나 아마추어들이 퍼팅 할 때 볼을 때리거나 팔로스로우를 자신 있게 못 하는 경우가 많다. 이유인즉 퍼팅에 대한 자신이 없거나 또는 스트록에 중심을 두기 보다는 결과적인 면에 중심을 두어 퍼팅 스트록을 다 하지 못하기 때문이다. 롱 퍼팅을 할 때 터무니없이 짧거나 혹은 너무 때린 나머지 배보다 배꼽이 커버리는 속상한 경험을 많이 했을 것이다.

　좀 더 일정하게 그리고 자신 있는 폴로 스로우를 하려면 다음과 같이
　- 공을 5개 정도 가지고 퍼팅 준비를 한다
　- 어드레스를 하고 백스윙 없이 볼에 퍼터페이스를 대고 앞으로 쭉 밀어주는 연습을 한다
　- 어떤 거리던 상관이 없으니 짧은 거리, 중간 거리, 긴 거리, 다양한 거리에서 밀어주는 연습을 한다. 짧은 거리는 짧게 밀어줄 것이고 긴 거리는 길게 밀어 줄 것이다. 이것이 폴로 스로우 연습방법이다.

2) 퍼트 성공을 위한 5계명

'드라이브는 기분, 퍼트는 돈' 골퍼들이 골프에 입문한 뒤 가장 많이들은 말일 것이다. 현대 골프는 장비 발달과 그에 따른 코스 난도(難度)의 상향조정으로 드라이버샷의 중요성이 많이 강조되고 있지만, 그렇더라도 퍼트의 비중이 감소하는 것은 아니다. 승부는 결국 퍼팅에서 결정되기 때문이다. 골프샷에서 가장 간단할 것 같은 퍼팅은 왜 그렇게 어려운가. 내로라하는 프로 골퍼들이 '입스'(yips)때문에 고생하는 이유는 무엇일까. '퍼트의 비밀'을 알아본다.

(1) 'Never up never in.'

볼이 컵을 지나가야 컵에 들어가지 않겠는가. 컵에 다다르지 않으면 아예 홀인은 꿈에도 생각하지 말라는 얘기다. 골퍼들은 이 말 뜻을 잘 알고 있으면서도 실제 퍼트할 때는 움츠러들고 위축된다. 볼이 멀리 훅 갈 것만 같아 톡 건들고 만다. 자신감이 없기 때문이다. 'Never up never in.'은 자신감과 결부 되었을 때 더 빛을 발한다. 내리막 라인에서는 주의해야 한다.

(2) 손목이 꺾이면 방향이 바뀐다

아마추어들이 퍼팅에 실패하는 가장 큰 원인은 스트로크 전후에 손목이 꺾이기 때문이다. 이 점에 관한한 프로들도 마찬가지다. 그래서 손목꺾임을 최소화할 수 있는 여러 가지 그립법이 등장한 것이다. 손목이 꺾이면 방향이 바뀐다. 특히 1m안팎의 짧은 퍼팅도 그렇다. 또 가장 이상적인 동작이라고 일컬어지는 '시계추' 움직임을 못했기 때문이다. 어깨로 스트록 한다고 생각하면 손목꺾임을 어느 정도 막을 수 있다.

(3) 결과는 귀로 확인 한다

'헤드 업'의 병폐가 가장 적나라하게 나타나는 것이 바로 퍼팅이다. 아무리 짧은 거리, 짧은 순간이라 할지라도 임팩트 전에 머리를 들면 볼은 원하는 방향으로 가지 않게 마련이다. 머리를 들면 몸이 들리고, 그러면 퍼터헤드도 목표라인에서 벗어날 수밖에 없다. 머리를 들면 임팩트 폴로 스로우가 제대로 안 된다. 볼이 컵에 도달할 때까지 머리를 붙잡아 두라. 결과를 귀로 확인하면 홀인확률은 그만큼 높아진다.

(4) 가장 많은 연습이 필요하다

골프의 여러 가지 샷 중 가장 단순한 퍼팅은 연습을 하지 않아도 될까? 절대 그렇지 않다. 오히려 다른 어떤 샷보다도 연습을 더 많이 해야 한다. 이는 그냥 하는 소리가 아니다. 퍼팅이 전체 스코어에서 컵차지하는 비중은 약 43%다. 우드, 아이언, 웨지샷 등 어느 부문보다 높은, 가장 큰 비중이다. 따라서 연습비중도 높아야 하는 것은 당연한 일. 퍼팅의 '고질'인 '입스'(yips)도 꾸준한 연습을 통해 해결할 수 있다.

(5) 항상 자신감이 있어야 한다

'넣을 수 있다'는 자신감을 갖고 항상 자신에게 최면을 걸어야 한다. 퍼팅은 이상하게도 '들어 간다'고 생각하면 들어간다. 자신감은 홀인확률도 높여주지만 과감한 스트로크 동작을 가능케 한다. 첫 번 째 퍼팅을 실패해도 그 다음의 '리턴 퍼팅'을 성공하면 된다는 자신감이 있으면 결코 주저주저하는 동작이 나오지 않는다. 자신감이 없으면 치다마는 동작이 나와 퍼팅이 매번 짧게 된다. 자신감이 있으면 반은 성공한 것이나 다름없다.

골프, 이렇게 시작한다.

GOLF

제 Ⅳ 장

필드에
나가기 전

Ⅳ 필드에 나가기 전

◆ CC와 GC의 차이점?

우리가 흔히 골프장으로 알고 있는 컨트리클럽(CC)은 골프장뿐만 아니라 테니스, 수영장 등의 놀이공간이 함께 있는 곳을 말한다. 따라서 골퍼들만이 아니라 골프 이외의 스포츠를 즐기려는 사람과 가족 단위의 구성원들도 거기에 갖추어진 위락시설을 이용할 수 있다. 최근 들어 리조트라고 불리기도 한다. GC로 표기되는 골프클럽은 오로지 골프를 위한 시설만을 갖춘 경우를 말한다. 우리나라 골프장의 대부분이 이 GC에 해당한다. 그러나 아직까지 국내 대부분의 골프장은 CC로 표기하고 있는 실정이다

1. 골프 입문...

2017년 1월 기준 골프장이 550개를 넘었고 그 중 절반 이상이 퍼블릭이다. 골프 인구가 점점 늘어남에 따라 골프장 내장객이 이제는 다양한 사람들로 늘어났다. 불과 5년 전만해도 남에게 피해를 주는 고객이 거의 없었다. 이제는 직원과 캐디를 무시하고 큰소리치고 싸우려고 한다. 골프장이 증가하면서 고객유치가 힘들어 지니 그저 머리 숙이고 고객 눈치만 본다. 필자가 운영하는 골프장만 해도 참으로 웃지 못 할 광경을 많이 보게 된다. 무조건 생떼를 쓰면서 고객이라고 갑질을 하려고 드는 사람이 많아졌다. 또 청바지나 심지어 예비군복 같은 옷을 입고 내장하는 사람도 있고, 슬리퍼 끌고 내장하고 하나하나 적기도 힘들다.

골프장의 매너는 나의 인격이고 타인에 대한 배려다!

얼마 전 타이거우즈는 경기 중 그린에 침을 뱉어 구설수에 오르기도 했다. 스포츠 중 유일하게 심판이 없어 **신사 스포츠**라고 불리는 골프는 다른 스포츠에 비해 다른 플레이어들을 배려하고 규칙을 준수하는 성실성이 요구된다. 모든 플레이어들은 경기 방식에 관계없이 언제나 절제된 태도로 행동하고 예의를 지키며 스포츠맨십을 발휘해야 한다. 그만큼 **매너와 에티**

켓이 절대적으로 필요한 스포츠이다.

또한 고도의 집중력을 요하는 스포츠이므로 동반자가 볼을 치려고 준비할 때부터 움직이거나 소리를 내서는 안 된다.

우리가 골프장에서의 에티켓을 잘 지킨다면 모든 사람들이 좀 더 즐거운 라운드를 할 수 있다는 것! 굳이 말로 설명 하지 않아도 잘 알고 있을 것이다. 그럼 이제 **초보 골퍼를 위한 골프장 필수 에티켓 10가지**를 소개 하겠다.

1) 일반적 에티켓

골퍼의 바른 에티켓은 골프 코스에 있든 클럽하우스에 있든 언제나 중요하다.

골프장에서 정한 복장규정은 필히 준수하여야 한다. 물론 야외 스포츠라 춥거나 덥기도 하지만, 눈살을 찌 뿌리게 하는 복장은 삼가 해야 한다. 또한 골프화의 스파이크에 관한 규정이 있는지 알아보고, 골프장 직원에게는 친절히 대하며 골프클럽을 던지거나 코스를 손상시키는 행동은 하지 말아야 한다.

2) 라운드 시작 전 에티켓

골프는 보통 예약제로 진행됩니다. 해 뜨면서 부터 7분 간격으로 예약이 하루 종일 있기에 항상 여유 있게 골프장에 도착하여 동반자와 오늘 경기 방식을 상의하고 플레이 순서를 확인해야 한다.

특히 사용하고자 하는 볼에 식별표시를 해두고 경기 진행원의 안내에 잘 따라야 한다.

3) 첫 티잉 그라운드에 임하는 자세

모든 골퍼들은 최소 출발시간 10분전에 첫 티잉 그라운드에 도착해야 한다. 동반 경기자가 초면이라면 먼저 자신을 소개하고 좋은 플레이를 바란다는 인사말을 건 내는 것은 필수! 자신이 칠 볼의 종류와 식별마크를 같은 조의 동반 경기자들에게 알려주고 클럽에서 지정한 티에서 티샷을 해야 한다.

4) 안전 또 안전

골프 클럽은 무서운 흉기가 될 수 있다. 특히 스윙 시에는 큰 힘이 실리기 때문에 연습 스윙을 하거나 볼을 칠 때 클럽, 볼 또는 다른 물체에 의해 다칠 위험이 있는지 확인하고 앞 조의 플레이어들이 볼의 도달 범위 밖으로 나갈 때까지 볼을 치면 안 된다. 볼을 치려고 할 때 코스

관리인들을 맞힐 염려가 있거나 날아간 볼이 누군가를 맞힐 위험이 있다면 "포오(Fore)"라고 큰소리로 외쳐 경고를 준다.(보통 국내 골프장에서는 뽈~~~이라고 외친다) 또 번개가 치면 빨리 대피해야 한다.

5) 경기속도 에티켓

느린 플레이는 경기를 즐기는 모든 사람에게 좋지 않은 영향을 주므로 약간 빠른 속도로 플레이 하도록 노력하여야 한다. 앞 팀과 일정한 간격을 유지하도록 해야 하며 왕 초보 동반자가 있으면 뒷 팀에게 먼저 플레이하도록 패스를 권해야 한다. 빠른 경기 속도를 위해서는 연습 스윙을 지나치게 여러 번 하지 말고 자신의 순서가 되었을 때 바로 플레이할 수 있도록 준비한다.

볼을 분실 하면 5분 내에 못 찾으면 포기해야 한다. OB가 되었을 경우 투 볼 플레이도 지양해야 한다.

6) 동반자에 대한 에티켓

골프는 멘탈 스포츠라고 한다. 그 만큼 집중력에 따라 플레이에 큰 영향을 줄 수 있다. 다른 사람들의 순서에서 움직이거나, 말하거나, 불필요한 잡음을 내어 다른 사람의 플레이를 방해하지 말아야 하고 티잉 그라운드에서는 자신의 차례가 될 때 까지 올라가지 말아야 한다. 특히 다른 사람이 플레이 하려고 할 때 볼이나 홀 바로 뒤에 가까이 서 있어서 시야에 방해가 되지 말고 다른 사람의 퍼팅라인을 밟거나 그림자를 지게 해서도 안 된다.

7) 코스 보호는 필수

골프장을 선택할 때 가장 중요한 요소가 바로 코스의 상태이다. 그래서 플레이 중에 코스 상태를 훼손하지 않는 것은 모든 플레이어의 책임이다. 가끔 플레이가 제대로 풀리지 않는 다고 클럽헤드로 지면을 치는 플레이어가 있는데 절대 삼가 해야 할 행동이다. 또한 디보트가 발생하면 디보트 자국에 원위치 해야 한다.

8) 티잉 그라운드, 페어웨이 러프

연습 스윙으로 잔디를 파이게 하는 행위는 피하여야 한다. 그래서 연습 스윙은 가능한 티 구역 밖에서 하는 것이 좋다. 만일 디보트가 생겼다면 디보트 용 모래를 사용하여 디보트 자국을 지표면과 같은 높이로 매워주어야 한다.

9) 벙커 에티켓

골프 볼이 벙커에 빠졌더라도 급하게 뛰어서 벙커 안으로 들어가지 말고 항상 벙커의 낮은 쪽으로 들어가고 나와야 한다. 또한 벙커 플레이 이후 자신이나 다른 플레이어들에 의해 만들어진 볼 자국이나 발자국은 가까이에 있는 고무래를 사용하여 잘 메워 평탄하게 만들어 놓고 나오는 것도 골퍼라면 꼭 알고 있어야 할 에티켓이다.

10) 그린 에티켓

퍼팅 그린에서는 어느 곳 보다 골퍼들의 신경이 예민한 장소이다. 그렇기 때문에 다른 플레이어의 퍼팅라인을 밟지 말아야 하며, 라인 좌우에도 서 있으면 안 된다. 깃대는 조심스럽게 다루고 그린에서 뛰어 다니지 않는다. 또 동반자의 라인에 그림자가 생기게 서있으면 안된다.

<u>골프 에티켓은 코스에서 동반자, 캐디에게 기분 상하지 않게 하고 심판이 없어도 경기 규칙을 잘 지키고, 코스, 시설물을 잘 보호해야 한다.</u>

기본적인 골프 에티켓을 잘 지키면 동반자들에게 신뢰와 호감을 얻을 수 있고, 다음 라운드에도 초대가 된다. 매너가 나쁘다고 소문나면 라운드 친구를 잃게 된다.

위에서 알려드린 10가지 골프 에티켓을 꼭 숙지해서 즐거운 라운드가 되도록 해야 한다.

2. 라운드에 꼭 필요한 용품

1) 볼

아래 사진처럼 정상적인 판매용으로 볼 3개 들은 것이 정상이고 한개, 두개 들은 것들은 기념품이나 홍보용으로 나온다. 우측사진은 로스트볼을 판매하는 것.

2) Tee

티는 드라이브나 아이언으로 티샷 할 때 볼을 올려놓는 용품이다.

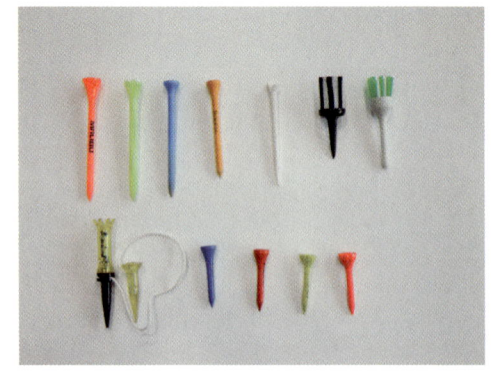

3) 볼 마크

볼 마크는 그린에서 볼을 집을 때 볼의 위치를 표시하는 용품으로 동전이나 그 외 다른 것들로 대체하기도 한다. 볼이 그린에 올라갔을 때 반드시 마크를 볼 뒤에 놓고 볼을 집어야 한다.

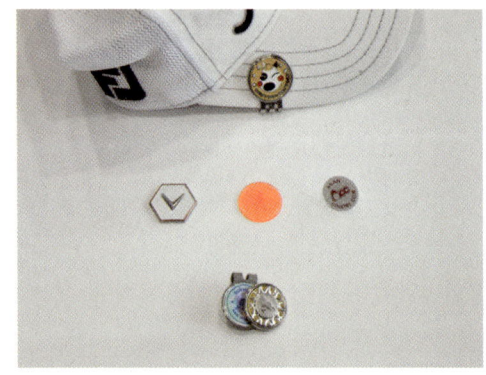

4) 장갑

장갑은 그립과 피부의 미끄럼을 방지하고 손을 보호하는 기능을 한다. 왼쪽 두 장은 여성용으로 여성은 양손에 모두장갑을 끼고 플레이를 한다. 장갑은 양피로 된 것도 있고, 합성피도 있고 다양하다.

5) 그린 보수기

그린에 볼이 떨어지면 우측 페이지 사진과 같이 볼 자국이 생겨 퍼팅에 큰 장애가 된다. 그러므로 오른쪽의 그린 보수기로 보수를 하여 원상태로 만드는데 사용되는 게 그린 보수기다. 보수를 잘못하면 잔디가 죽거나 손상을 입기 때문에 초보자는 안 하는 게 좋다. 오랜 경험을 통해 조금씩 익혀 나가면 된다.

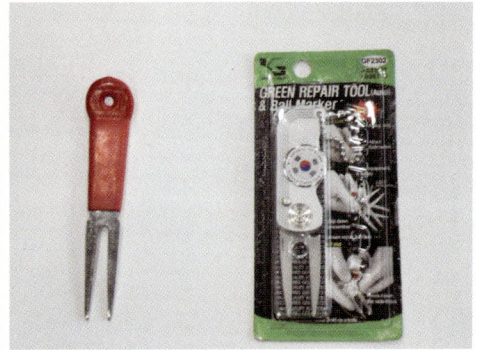

6) 파우치 백

라운드 시 핸드폰, 담배, 볼, 선글라스, 선블럭 등을 넣을 수 있는 작은 가방.

7) 모자

모자는 다양한 종류가 있으며 계절에 따라 바꿔 쓴다.

8) 골프화

수많은 종류의 골프화가 있다. 가급적 방수와 통풍이 잘되는 골프화를 선택해야 간다.

9) 캐디 백, 보스턴 백

골프 클럽과 옷, 골프화 등을 넣는 백으로 클럽이 들어있는 백은 캐디가 메고 다녀서 캐디 백이라 부른다.

10) 네임텍

캐디백과 보스턴백에 이름표를 붙여 본인 것임을 표시한다.

이 외에도 많은 용품업을 하는 사람들이 늘 새로운 용품들을 개발하고 생산하고 있다.

3. 라운드가 시작 되었다....지금부터 무슨 일이...벌어질까?

1) 가장 먼저 해야 하는 것은 1번 홀에서 누가 먼저 칠 것인가를 정하는 것이다. 순서를 정하는 방법은 다양하게 있으나 보통 1번 티잉 그라운드에 마련된 순서 뽑기로 결정한다. 한 줄을 선택한 골퍼가 가장 먼저 티샷을 한다. 2번 홀 부터는 전 홀에서 가장 스코어가 좋은 플레이어가 아너(honoer)가 되어 1번으로 티샷을 한다. 만약 동타(같은 타 수)일 경우 동타 플레이어 중 그 전 홀에서 먼저 티샷한 플레이어가 먼저 친다.

2) 티 꽂는 구역

티를 꽂을 수 있는 구역은 티 마크와 마크 사이, 뒤로는 드라이브 두 클럽이내가(아래사진 타원형) 티를 꽂을 수 있는 구역이다. 이 구역 내에 어디에 꽂아도 상관없다.

3) 티 꽂는 요령

(1) 먼저 사진과 같이 볼과 티를 동시에 잡고

(2) 아래 사진과 같이 손바닥으로 볼을
    지그시 누른다.

(3) 티 높이 조절은 필자의 예를 들면 드라이브
    티 높이는 오른 검지손가락 두 번째 마디에
    맞추면 적당한 높이이다.(개인차 많이 있음)

4) 에이밍

티를 꽂은 후 볼을 올려놓고 목표지점을 정하고 마음속으로 목표지점과 볼과 일직선의 선을 긋고 볼 1m 전방 쯤 볼과 목표지점 사이에 중간목표물을 정한다. 볼과 중간목표물을 일직선 긋고, 그 선과 평행되게 양 발을 놓으면 된다.

크고 작은 두 화살표가 평행되게 발의 위치를 잡으면 목표방향으로 어드레스를 했다고 본다.

4. 페어웨이에서는 누가 먼저 칠 것인가?

드라이브로 티샷을 하고 난 후 각 플레이어는 자기 볼이 떨어진 지점에 가서 다음 칠 준비를 한다. 볼이 그린과 가장 멀리 떨어져 있는 플레이어가 가정 먼저 세컨샷을 해야 한다. 아래의 경우 B, C, A, D 순서로 세컨샷을 해야한다. 반드시 그린에 앞 팀 플레이어들이 모두 홀 아웃 하였는지 확인하고 경기를 진행한다.

5. 그린에서는 어떻게 해야 하나?

그린에 볼이 올라가면 우선 볼 마크를 한 후 볼을 깨끗이 수건으로 닦은 다음 컵을 향하여 볼이 지나갈 길을 살펴 본 후 그린의 좌 우 경사도 오르막 내리막을 고려하여 볼을 마크 앞에 놓고 퍼팅 준비를 한다. 이때 온 그린과 관계없이 깃대와 가장 멀리 떨어져 있는 볼의 플레이어부터 퍼팅을 한다.

아래 사진에서 A가 그린 밖에 있다하더라도 깃대 더 멀리 있는 B가 먼저 퍼팅을 해야 한다.

6. 그린에서 꼭 지켜야 할 것들

1) 그린에서는 발을 끌고 다니면 안 된다. 잔디가 손상되어 다음 플레이어에게 피해를 준다.

2) 그린 위에 다른 클럽을 놓지 않는다.

3) 동반자와 본인의 볼 라인(볼이 지나가는 길)을 밟지 않는다.

4) 깃대는 반드시 그린 밖에 놓을 것.

5) 반드시 마크하고 볼을 집을 것
   (홀 방향 반대쪽 볼 뒤에 마크를 한다)

6) 동반자가 퍼팅을 준비하면 모두 조용히 한다.
7) 간혹 그린에서 침을 뱉는 플레이어가 있는데 삼가야 한다.
8) 그린에서 클럽으로 스윙연습을 하는 행위는 하지 말아야 한다. 잔디가 훼손될 염려가 있다.
9) 그린에서 담배를 피우는 행위도 하지 말아야 한다.
10) 동반자가 퍼팅을 하는 순간 그 옆에서 혼자 퍼팅 연습하는 행위는 삼가야 한다.
그 외에서 그린에서 동반사의 플레이를 방해하는 행위는 일체 하지 말아야 한다.

7. 실력 향상을 위한 기본, 루틴 샷의 중요성

1) 스윙 만큼 중요한 루틴

볼을 치기 위한 일련의 동작인 '루틴(Routine)'은 같은 행동의 반복이라고 할 수 있다. 이러한 행동을 통해 제 2의 습관처럼 만들어 긴장이 끼어들 틈을 주지 않는 것이다. 모든 프로

골퍼들이 이러한 전략을 활용하지만 사실 대부분의 아마추어 골퍼들은 루틴의 중요성을 무심코 지나쳐 버린다.

(1) 프리 샷 루틴 (Pre Shot Routine)

프리 샷 루틴이란 볼을 치기 전 일련의 동작을 말한다. 프리 샷 루틴은 바로 이런 일정한 리듬을 만들 수 있는 역할을 한다. 일정한 프리 샷 루틴이 골프 플레이에 미치는 영향은 아주 크며, 숏 게임이나 퍼팅에도 아주 중요하게 작용한다.

일정한 프리 샷 루틴을 따르면 늘 익숙한 동작 때문에 긴장감이 높은 순간도 잘 극복할 수 있다. 습관이 될 때까지 의식적으로라도 반드시 하는 것이 좋다. 단 너무 시간이 많이 걸리지 않도록 간결하게 하는 것이 좋다. 동반자에게 큰 불편을 끼치지 않으면서도 자신에게 맞는 방법을 찾는 것이 좋다.

(2) 프리 샷 루틴의 순서

프리 샷 루틴 동작은 개개인마다 다를 수 있으며, 자신만의 리듬이 필요하다는 점을 유의하자. 프로들도 각자 스타일에 맞는 다양한 프리 샷 루틴 방법을 가지고 있다.

여기에서 소개하는 프리 샷 루틴 순서는 한 가지 유형의 프리 샷 루틴이라 생각하고 참고하면 될 것 같다.

(1) 볼 뒤에 서서 골프클럽을 들고 목표와 볼을 직선으로 연결하는 가상의 선을 긋는다.(볼과 목표를 연결하는 철길을 연상하면 쉽다.)

(2) 오른손에 골프클럽을 들고 옆으로부터 볼로 다가가 양발을 모으고 목표와 볼을 직선으로 연결하는 가상의 선에 직각이 되도록 클럽페이스를 맞춘다.(클럽의 정렬)

(3) 클럽페이스에 맞게 오른발(왼발) 위치를 정하고 왼발(오른발) 위치를 정한다. (몸의 정렬)

(4) 그립을 잡고 어드레스 자세를 취한다.

(5) 골프클럽을 지면에서 살짝 들고 고개를 옆으로 돌려 목표를 확인한다.

(6) 고개를 원 위치로 돌려 볼을 보고 Waggle(볼을 치기 전에 긴장감을 없애거나 힘을 빼기 위해 골프클럽을 좌우로 흔드는 동작)을 두 번 한다.

◆ **자신만의 프리 샷 루틴 만들기**

프리 샷 루틴 익히기는 언뜻 보면 쉬워 보이지만 생각만으로는 익힐 수 없고 인내심을 갖고 무의식적으로 할 수 있을 때까지 꾸준히 연습을 해야만 한다. 또한 단지 연습장에서만 연습하지 말고 골프장에서 바로 활용할 수 있는 프리 샷 루틴이 되도록 해야 한다. 다시 한 번 강조하면 프리 샷 루틴은 개인마다 다를 수 있으며, 그렇기 때문에 자신의 루틴에는 자신만의 리듬이 필요하다. 나만의 프리 샷 루틴을 익혀가며 골퍼 스스로 많은 것을 느낄 수 있을 것이다.

◆ **아마추어 골퍼들의 오류**

아마추어 골퍼들의 경우 뒤에서 타깃의 위치를 보고 들어갔다 연습 스윙 후 다시 몸의 정렬에 들어가는 경우가 많은데, 이는 잘 맞춰 놓고 스윙의 리듬을 깨트리는 행동이다. 연습스윙은 프리 샷 루틴 전에 해야 하며 프리 샷 루틴 과정에 들어간 다음에는 하지 않는 것이 좋다.

골프, 이렇게 시작한다.

GOLF

제 V 장

용어

 용어

보통 교재에 나오는 골프용어는 영국 R&A 나 미국 USGA에서 정한 공식적인 용어이나 본 책에서는 아마추어들 사이에 널리 쓰이며, 골프장에서 아마추어들이 사용하는 용어를 알기 쉽게 풀어서 설명 했다.

골프는 스코어와 매너로 평가를 받지만 골프용어 역시 또 하나의 평가 기준이 된다.

용어가 인격이나 동반자로서의 점수를 나타낸다고 할 수는 없겠지만 제대로 된 용어를 가려 쓰는 노력은 기본 에티켓이다. 또 올바른 골프문화 정착을 위해서도 바람직한 일일 것이다. 잘못 사용되고 있는 주요 골프용어들을 정리해 보자.

1. 일반적으로 쓰이는 잘못 된 용어

라운드를 준비 하고 있는 사람들의 대화를 듣고 잘못된 용어는 무엇인지, 그것의 정확한 용어는 무엇인지 알아보자

정하 : 현석~ 넌 올해 **라운딩** 많이 나갔어?
현석 : 무슨 소리야~ 난 올해 처음이야 그래서 너무 긴장돼

정하 : 그래? 내가 뭔가 보여주지. 근데 우리 **티업**시간이 정확히 몇 분이지?
현석 : **티업**시간…음 글쎄 아 맞다 42분이야.

정하 : 야 빨리 **오너**선정 해야지
현석 : 난 첫 홀에서라도 **오너**한번 해보자~

정하 : 아~ **숏홀**인데 뒷 조 애들은 왜 이리 빨리 따라 온거야…

현석 : **언니** 우리 이번홀 **싸인** 플레이 해?

캐디 : 네 **싸인** 주고 플레이하죠.

정하 : 흐름 끊기는 거 싫은데...

정하 : 다음홀 **롱홀**인데 우드 칠거야?

현석 : 당근이지...남자는 롱홀에서는 우드를 쳐야지 이글찬스를 만들지. 너는 이글 찬스 없었지?

정하 : 스크린에서는 몇 번 있었는데....

현석 : 장난해? ㅋㅋㅋ

정하 : 난 우드가 **뒤땅**이 자주 나서 잘 못 쳐 롱홀에서 투 온이 힘들어.

정하 : 현석 너 잘난 척 하더니 오비네~ **오비티** 저기다...하하하

현석 : 우이씨~ 나만 오비네.

정하 : **오비티**에서 한 번에 올려봐.. ㅋㅋㅋ 잘하면 파 할 수 있어.

이렇게 재미있는 시간이 지나 마지막 홀 그린에 왔다.

정하 : 현석~~ 핀 좀 뽑아줘... 나 파 **빠따** 성공해야 한단 말이야.

현석 : (핀을 뽑으면서) ㅋㅋㅋ좀 먼 거 같은데 과연 파 성공할 수 있을까?

정하 : **라이**가 없잖아...이건 그냥 직진이야. 알지? 남자는 직진~~

현석 : 그러네 **라이**도 없고 **홀컵**도 크네...

정하 : 가까이 붙이면 **O.K** 줄게.

대화 내용 중 일반적으로 사용하는 골프 용어 중 틀린 용어 무엇일까?

	잘못된 용어	올바른 용어	비고
1	라운딩	라운드	라운딩은 각진 것을 동그랗게 한다는 것
2	티업(tee up)	티 오프(tee off)	티오프 시간이라고 해야한다.
3	오너(owner)	아너(honor)	먼저 쳐서 영광이라는 아너
4	사인준다	웨이브한다	뒷 팀이 칠 때까지 기다려.

	잘못된 용어	올바른 용어	비고
5	롱홀, 미들홀, 숏홀	파5홀, 파4홀, 파3홀	Par 5도 짧은 홀이 있다.
6	OB티	드롭존	OB가 나면 드롭지역에서 드롭을 해야 한다.
7	라이(그린)	브레이크	라이와 라인의 차이 확인.
8	홀컵	홀 또는 컵	홀은 영국식, 컵은 미국식 표현 같은 말을 붙인 것

골프를 하고 있는 두 친구의 대화로 듣기에 전혀 어색함이 없다. 그리고 더 웃긴 건 잘못된 용어를 쓰지만 다 알아듣는다. 하지만 정확한 골프 용어는 아니다. 둘은 오랫동안 굳어진 잘못된 표현을 쓰고 있었다.

흔히 골프를 친다는 의미로 쓰이는 '라운딩'은 각진 것을 둥글게 깎는 것을 말한다. 따라서 비슷한 말처럼 들리지만 '라운드'가 정확한 표현이다.

티샷을 먼저 하는 사람, 즉 '오너(owner)'도 잘못된 용어이다. 오너는 기업의 대표자, 운영자를 뜻하는 말로 이때는 '아너(honor)'라고 얘기해야 한다. 볼을 먼저 치는 영예를 갖는다는 뜻이다.

- **'홀컵'은 동어 반복**

  홀과 컵을 겹쳐 쓰면 '늙으신 노부모'나 '역전앞'처럼 같은 말을 되풀이 하는 모양새다. 홀이나 컵과 같이 하나만 말하는 것이 바람직하다.

- **'티업'과 '티오프'**

  티업(tee up)은 티 위에다 볼을 올려놓는 행동을 뜻하고 티오프(tee off)는 클럽으로 티에 올려 있는 볼을 치는 순간을 뜻한다. 라운드의 첫 티샷을 한다는 뜻으로 사용할 때는 티오프가 맞다.

- **'라이'와 '라인'**

  라이(lie)는 볼이 놓인 곳의 상태이고 라인(line)은 그린에서 볼이 컵까지 굴러갈 길을 말한다. '퍼팅 라이를 살핀다'는 '퍼팅 라인을 살핀다'가, 볼이 디봇 자국이나 까다로운 경사지에 놓인 경우는 '라이가 나쁘다'라는 말이 옳다.

- **'빠따'는 이제 그만,**

  퍼터는 퍼팅을 할 때 쓰는 골프클럽의 하나다. 퍼터도 빠따, 퍼팅도 빠따라고 발음해야 직성이 풀리는 골퍼들이 많다. 일본식 발음의 용어는 이제 그만 쓸 때가 됐다.

- 비거리와 샷 거리

    볼이 떠서 날아간 거리(캐리)만을 말할 때 '비거리'

    떨어진 뒤 굴러간 거리(런)까지 합친 거리를 '샷 거리'.

- '롱 홀' 파 5홀로 , '미들 홀' 파 4홀로 '숏 홀' 파 3홀은 이라고 부르자. 오래전부터 고착된 표현으로 의사소통에는 문제가 없지만 정확한 골프용어는 아니다. 파 3홀 중에서 거리가 긴 홀은 롱 홀이라고 하고, 파 5홀이라도 짧은 홀은 숏 홀이라고 한다.

많이 사용하지만 잘못된 용어의 자세한 설명

- 뒤땅 → 더프(Duff)가 정확한 용어.

    (더프(Duff) : 한국어 사전- 골프에서 골프클럽이 자기 앞의 땅에 맞아 공을 헛치는 일)

    클럽 헤드가 볼의 뒤쪽 지면을 먼저 친 후에 볼을 치는 미스 샷으로 흔히 '뒤땅' 이라고 한다.

- 탑 볼 혹은 (탑핑)(Topping) 일명 쪼루.

    탑 볼은 헤드의 리딩 에지가 볼의 중간 보다 위쪽을 치면서 볼이 뜨지 못하고 굴러가는 경우.

- O.K 는 맞는 용어인가?

    골프 라운드 중 그린위의 짧은 퍼팅 거리를 남기면 관례적으로 OK를 준다.

    무심코 사용했던 말이지만 요즈음은 컨시드(Concede)라는 말도 종종사용하곤 한다.

    언제부터, 왜 그렇게 표현하기 시작했는지는 알 수 없지만 국내에서 OK로 통용되는 이 용어는 영국이나 미국에서는 기브(Give)나 김미(Gimme)라고 표현한다. 이는 골퍼가 짧은 퍼팅을 남기고 있을 때 '그냥 1퍼팅 성공으로 인정해줘'라는 뜻으로 기브 미(Give me)라고 요청한데서 유래됐다고 한다.

    하지만 공식 골프 용어로는 컨시드다. 이는 매치 플레이에서 사용하는 용어로 매 홀마다 승부가 결정되는 경기에서만 쓰인다. 즉 18홀까지 타수로 승부를 가리는 스그록에서는 사용할 수는 없는 것이다.

    하지만 아마추어들의 경우 짧은 거리에서 퍼팅하는 스트레스를 줄여주고, 골프장 측의 탄력적인 경기 진행을 위해 컨시드를 사용하기도 한다. 컨시드, OK, 김미 등 짧은 퍼팅을 면제해주는 이 용어는 아마추어의 친선골프에 양념역할을 톡톡히 한다.

    스크린 골프에서는 컨시드라고 사용하다보니 스크린골프를 즐기는 이들은 컨시드가 오히려 쉽게 나오는 말이 되었다. 게임의 재미를 위한 요소이기는 하지만 4명의 플레이를 하는지라 컨시드를 말할 때는 조금은 조심할 필요가 있다. 무턱대고 상대를 위한다고 컨시드를 인정해주지만 애매한 거리가 남았을 때 동반자 중 연장자나 고수의 의견을 존중해주고 따라줘야 한다. 친구나 아주 편한 사람들과의 라운드에는 보이지 않는 경쟁심이 있기에 라운드 전 기준을 정하면 좋다.

컨시드를 주는 보통의 거리는 퍼터 길이로 정한다. 요즘은 퍼트의 길이가 달라 어느 퍼트를 사용하느냐에 따라 달라 질 수는 있지만 보통은 그립을 뺀 샤프트의 길이로 보면 된다.

간혹 초보들은 컨시드의 타수를 잘 못 계산하는 경우도 있다. 서비스로 생각해서인지 컨시드의 타수는 계산하지 않는 경우가 있는데 짧은 거리의 퍼팅을 성공했다는 가정 하에 컨시드를 주는지라 반드시 친 타수에 컨시드 1타를 더해야 한다. 컨시드는 배려이지 공짜가 아니라는 사실.

아직은 OK라는 말에 익숙해 있지만 이제는 정식용어인 컨시드라고 하자. 상대에게 배려의 마음에 컨시드라고 인정해주지만 지나친 컨시드 남발은 상대에게 무시하는 듯 한 인상을 줄 수도 있으니 조심은 하면서..

- **몰간? → 멀리건?**

멀리건(mulligan-사람들은 흔히 몰간이라고 부름)은 첫 티샷이나 세컨샷에서 OB나 미스 샷이 났을 때 동반자들의 배려로 벌타 없이 한 번 더 기회를 부여 받아 치는 행위를 말한다. 멀리건에 대한 유래는 다양하지만, 필자가 골프장에서 좋은 동반자로 부터 들은 아래의 이야기가 가장 설득력이 있어 보인다.

미국의 대공황(1930년대)이 한창 일 때 골프에 미쳐 있는 사업하는 두 사람이 골프장에 라운드를 하러 갔다. 그런데 골프는 최소 3명 이상이어야 라운드가 가능하기에 이 두 사람은 골프장에서 함께 라운드 할 동반자를 찾던 중 라커를 정리하는 라커맨을 발견하고 그에게 라운드를 제의 한다. 그런데 이 라커맨의 이름이 그 유명한 멀리건(Mulligan)이다.

멀리건은 골프장에서 일은 하지만 골프 실력은 형편없어 첫 홀 부터 OB를 내고 미스 샷을 남발하게 된다. 그럴 때 마다 멀리건은 하나 더 칠 것을 요구한다. "사장님들은 자주 골프를 치지만 저는 그렇지 못합니다. 기회를 한 번 더 주세요"라고 실수를 할 때 마다 당당하게 요구를 하게 된다.

골프 룰에 이러한 행위는 엄격하게 금하고 있지만, 멀리건이 없으면 골프가 진행 할 수도 없고, 사실 멀리건의 요구가 어느 정도 상식에 합당하다고 판단한 두 명의 사업가는 싫지만 무 벌타 추가 기회를 허용하게 된다.

이때 멀리건의 한 말이 "나는 멀리건(Mulligan)입니다 그래서 한 번 더 치게 해주세요."라고 했고 여기서 라커맨 "멀리건"의 이름을 따서 동반자들의 배려로 무 벌타로 한 번 더 치는 행위를 멀리건(mulligan-일명 몰간)이라고 부르게 되었다는 것이 정설 인 것 같다.

일반적으로 아마추어들이 라운드를 가서 첫 홀 첫 티샷에 서면 긴장한 탓과 몸이 안 풀린 탓에 미스 샷을 날리기 일쑤이다. 이때 동반한 사람들의 배려로 한 번 더 치게 해 주는 행위를 말하는 것이며, 정식 골프 룰에서는 이러한 행위를 엄격하게 금지하고 있는 점도 참고로 알아 두면 된다.

멀리건은 동반자들의 배려로 주어지는 일종의 서비스로 자신이 먼저 멀리건을 요구하거나 추가 샷을 당연하게 요구해서는 절대로 안 된다. 상대방이 멀리건을 주더라도, 일단은 한번쯤은 사양하는 모습을 보이는 것이 바른 매너이다.

2. 볼 구질에 대한 용어

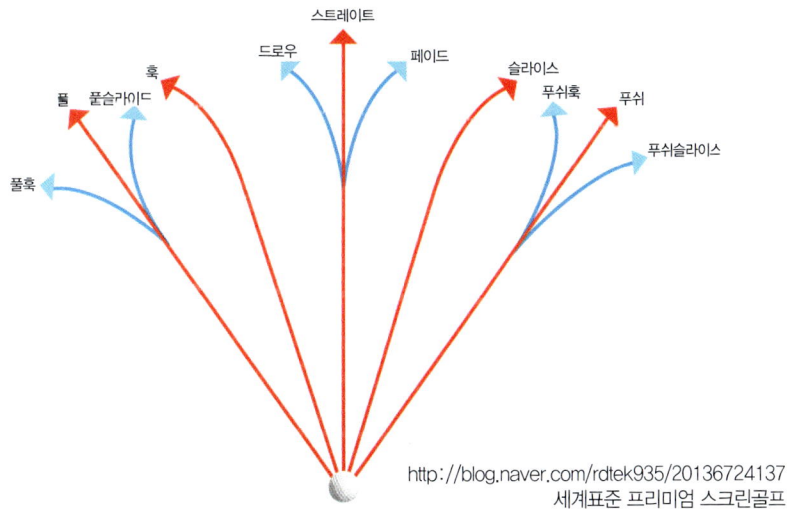

공이 날아가는 구질에 따라 부르는 명칭이 다르기 때문에 그림으로 쉽게 설명하면 다음과 같다.

- **스트레이트** – 직진으로 잘 날아 가는 볼.
- **드로우** – 직진으로 잘 날아 가다 왼쪽으로 떨어지는 볼.
  특징 – 런이 많이 생겨서 거리를 많이 내기에 좋다
- **페이드** – 직진으로 잘 날아가다 오른쪽으로 떨어지는 볼.
  특징 – 런이 별로 없다

- **훅** – 왼쪽으로 돌면서 날아가는 볼.
- **슬라이스** – 오른쪽으로 돌면서 날아가는 볼.
- **푸쉬** – 샷 이후 오른쪽 방향으로 힘없이 날아가는 볼.
- **푸쉬 훅** – 샷 이후 오른쪽 방향으로 날아가다 왼쪽으로 떨어지는 볼.
- **푸쉬 슬라이스** – 샷 이후 오른쪽 방향으로 날아가다 오른쪽으로 떨어지는 볼.
- **풀** – 샷 이후 왼쪽 방향으로 힘 없이 날아가는 볼.
- **풀 훅** – 샷 이후 왼쪽 방향으로 날아가다 왼쪽으로 떨어지는 볼.
- **풀 슬라이스** – 왼쪽 방향으로 날아가다 오른쪽 방향으로 떨어지는 볼.

3. 코스에 대한 용어

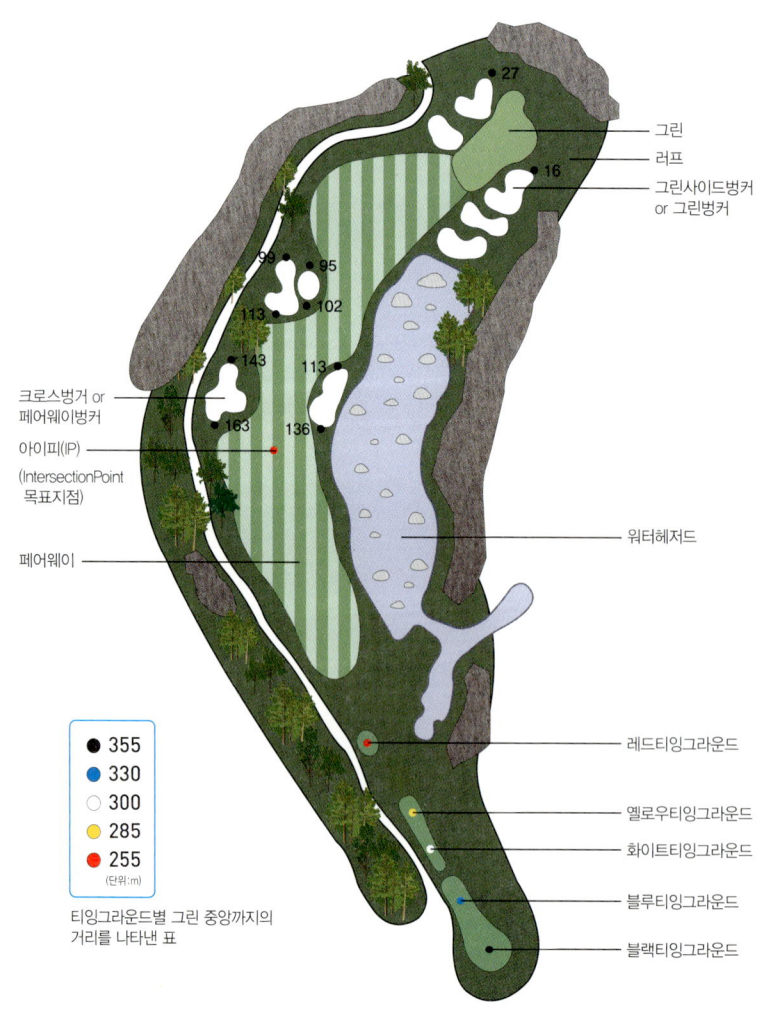

- **블랙 티** – 일명 빽 티라고 한다. 프로들이 사용하는 티잉 그라운드로 거리가 제일 길다
- **블루 티** – 일명 챔피온 티라고 한다. 아마추어 고수들이 사용하는 티이다 블랙 티가 없는 곳은 프로들도 블루 티에서 티샷을 한다
- **화이트 티** – 일명 레귤러 티라고 한다. 일반 아마추어 남성들이 사용하는 티이다 그리고 여자 프로들이 사용하는 티이기도 하다
- **옐로우 티** – 일명 시니어 티이다. 만50세가 넘어가면 여기를 쓸 수 있다. 하지만 다들 창피 하다고 안친다.
- **레드 티** – 일명 레이디 티라고 한다. 아마추어 여성분들이 사용하는 티 이다. 그린까지의 거리가 제일로 짧은 티이다.
- **야데지(Yardage)** – 각각의 티에서 그린 중앙까지의 거리를 나타내며, 홀이 생긴 모양을 그려놓은 홀 안내 표지판.
- **페어웨이** – 잔디를 짧게 깎아 놓아 공을 쉽게 칠 수 있도록 관리해 놓은 코스의 가장자리 잔디
- **러프** – 페어웨이와는 반대로 잔디의 길이가 길다. 일종의 장애물이다.
- **워터 헤저드** – 코스 주변에 장애물로 말 그대로 물이다. 물에 공이 빠지면 그린과 가깝지 않게 드롭해서 친다.
- **크로스벙커 or 페어웨이벙커** – 그린부근이 아닌 페어웨이 한복판에 만들어놓은 벙커를 말한다. 벙커 또한 정식 명칭은 벙커 헤저드이다.
- **아이피 (IP)** – IP란 Intersection Point 의 약자로 자신이 정한 목표지점이란 뜻 혹은 골프장에서 임의로 정한 목표방향.
- **그린 사이드벙커 or 그린벙커** – 그린 주변에 있는 모래.
- **그린** – 홀에서 경기를 마무리 하는 곳으로 퍼터를 사용 해야 한다.
- **티박스(Tee Box)?** → 티잉 그라운드(Teeing Ground)

코스의 각종 시설물에 대한 오용 사례도 흔하다.

먼저 티박스라는 용어를 많이 쓰는데 이것은 잘못된 용어다. 티샷 구역인 티박스는 **티잉 그라운드(teeing ground)**라고 해야 맞는 용어이다.

물론 티잉 그라운드를 줄여서 '티 그라운드'로 하는데 보다 정확한 표현이 티잉 그라운드다. 티잉 그라운드와 관련해서 'OB티' 라는 것이 있다. 이는 OB(Out of Bounds)를 냈을 때 티잉 그라운드에서 3번째 샷을 하는 것이 아니라 골프장이 만들어 놓은 특설 티잉 그라운드를 말한다. 골프 룰에서는 어느 조항을 살피더라도 OB티에 대한 설명은 없다. OB티는 국

내 골프장이 라운드를 원활하게 한다는 취지에서 룰에도 없는 조항을 행사하고 있는 것이다. 'OB티'보다는 '특설 티잉 그라운드'라고 해야 더욱 정확한 표현이 될 것 같다. OB가 나온 김에 한 가지 더. OB를 '아웃 오브 바운드'라고 하기도 하고 볼이 튈 때도 바운드(bound)라고 한다. "볼이 핀보다 좌측으로 바운드 됐네…"처럼 말이다. 그러나 볼이 튀는 것은 바운스(bounce)가 맞다. 바운드는 '튀다'의 뜻으로도 쓰이지만 생물체의 움직임에만 해당한다. 무생물인 볼은 '바운스'라고 해야 한다.

- **포대 그린?** → Elevated Green

  '포대 그린'은 어드레스 지점보다 그린이 높은 곳에 위치 한 것을 포대를 쌓아올린 것처럼 보인다고 해서 붙여진 이름이다. '대포를 쏘는 포대 아니야?'라고 말하기 쉽지만 그렇지 않다.

- **엣지? 프린지?**

  볼이 그린 가까이 붙으면 어느 위치든 상관없이 에지나 프린지로 표현하는 골퍼가 많다. 그러나 엄밀한 의미에서 그린을 벗어나지 않은 끝 또는 가장자리이면 엣지, 그린 주변 가까이서 그린과 다르게 손질된 곳은 '프린지(fringe)' 또는 '에이프론(apron)'이라고 해야 한다.

4. 골프 스코어에 대하여 용어

- **이븐파** – 규정 파와 같은 타수.
- **언더파** – 규정 파 보다 적은 타수.
- **오버파** – 규정 파 보다 많은 타수.
- **버디** – 한 홀에서 규정보다 1타 적은 타수로 홀인을 하는 것
- **보기** – 한 홀에서 규정보다 1타 많은 타수로 홀인을 하는 것.
- 더블 보기, 트리플 보기는 두 타, 세 타 많은 상태로 홀인을 하는 것.
- 그러면 더블 버디, 트리플 버디라는 말도 쓸까? 더블 버디와 트리플 버디라는 말 대신에 이글, 알바트로스 두 단어가 쓴다. 이글은 규정보다 두 타 적은 상태로 홀인을 하는 것을 말하며, 알바트로스는 세 타 적은 상태로 홀인을 하는 것을 말한다.
- **홀인원** – 파 3에서 한 번에 홀 인하는 것.

골프 은어에 대해선 뭐가 있을까!?

신사 종목인 골프에도 은어는 매우 다양하게 쓰인다. 가장 대표적으로 "머리 올리셨습니

까?"는 "필드에 가 보셨습니까? 이 정도면 매우 양호한 편이다.

많은 골퍼들이 스코어 표기나 표현에 대해 서툴다.

이른바 파보다 2배의 스코어를 냈을 때 '애뵈'나 '양파'라고 한다.

파3 홀에서 6타, 파4 홀에서 8타를 쳤을 때 그렇게 말한다. '애뵈'는 타수가 셀 수 없을 정도로 많다는 뜻의 에버(ever)에서 유래했다는 설이 우세하며 더 이상 볼치지 말고 '애나 봐'라는 우스꽝스런 뜻도 포함돼 있다. 양파는 '벗겨도 벗겨도' 속살이 드러나지 않는 양파의 속성을 스코어에 빗댄 것이다. 골프동호회 월례회 시상식에서는 '양파'를 가장 많이 한 사람에게 주방장 특선 요리라며 '썬 양파 한 접시'를 부상(?)으로 줄 정도다. 또 파의 두 배, 즉 양(兩)파(par)라는 의미도 포함됐다. 그러나 애뵈와 양파는 정확하지 않은 표현이다.

파(par)보다 1타를 더 쳤을 때는 보기이며 더블 보기(+2), 트리플 보기(+3), 쿼드러풀(quadruple) 보기(+4), 퀸투플(quintuple) 보기(+5)로 불러야 한다. 즉, 파3 홀에서 6타를 쳤을 때는 '양파'가 아니라 트리플 보기를 한 것이다. 물론 '쿼드루플 보기'라는 용어가 주말 골퍼나 아마추어에게 익숙하지 않은 것이 사실이다. 이 용어는 박세리가 미국에 진출한 90년대 후반 이후에야 외신 등에 그런 표기가 곁들여지며 회자되기 시작했기 때문이다. 주말 골퍼에게 낯설 수밖에 없었다.

- **쪼루** : 볼의 윗부분이나 볼의 뒤를 쳐서 볼이 굴러가거나 샷에 거리가 짧을 때 쓰는 말. 쪼루는 '토핑(topping)'이나 '더프(duff)'라고 해야 옳다.
- **뽕샷, 덴뿌라샷** : 드라이브 헤드가 볼 아래 부분을 쳐서 위로만 뽕 솟다가 떨어지는 샷. 스카이 샷(sky shot)이 정확한 의미일 것 같다.
- **구찌** : 말로서 신경을 자극하여 상대의 집중력을 흐리는 표현.
- **닭장프로** : 연습장에선 매우 잘 치나 필드에선 실력발휘를 제대로 못하는 사람.
- **19홀** : 라운드가 끝난 다음 2차로 한산 하거나 혹은 카드를 치는 것 .
- '양파'가 이제는 표준어?
- **가라후리** : 헛스윙으로 일반적인 '빈(연습) 스윙'과는 차이가 난다는 것이 전문가의 의견이다. 가라후리는 엄밀한 의미에서 샷을 하려는 의도가 있는 행동으로 1타로 간주해야 한다는 것. 가라후리는 '에어 샷'으로 해석해야 한다는 의견이다.
- 그렇다면 연습 스윙은? 그것이 "스부리"다. 잘못된 용어들이다.
- "우라가 심하다"고 말했을 때의 우라는 '기복이 심하다'는 의미. 이것 역시 잘못된 용어다.
- 4번 우드의 정확한 별칭은 버피(buffy)임에도 불구하고 주말 골퍼들은 캐디에게 '빠삐'를

달라고 한다.

- **싱글 골퍼? → 로우 핸디 골퍼**

골프를 매우 잘하는 사람이나 핸디캡이 한자리 즉, 9 이하일 때 싱글(single)이라고 말한다. 또 81타 이하를 쳤을 때는 그것을 기념하기위해 '싱글패(牌)'를 만들어 주기도 한다. 그러나 싱글은 틀린 표현이다. '싱글'이라고 하면 혼자 골프를 치거나, 상대방에 따라 아예 핸디캡 1인 골퍼, 즉 스크래치 골퍼라고 규정할 수 있기 때문이다. 싱글 디지트 핸디캐퍼(single-digit hand icapper)나 로우 핸디 캐퍼(low handicapper)가 보다 근접한 용어다.

- **레이 아웃? → 레이 업**

무리한 시도를 피해 한 타를 더 칠 각오를 하고 안전한 곳으로 샷을 하는 것을 흔히 레이 아웃(lay out)한다고 말한다. 골프 중계를 보다 보면 아나운서나 해설자가 "안전한 지역으로 레이아웃 했다"고 하는 것을 자주 들을 수 있다. 그러나 레이 업(Lay Up)이 맞다. 레이 아웃(lay out)은 골프 코스의 설계나 구조라는 뜻이기 때문이다.

- **볼 ~~~~~ → 포어(Fore)~~~~~**

티샷이나 세컨샷이 앞 팀에게 위협이 되거나 옆 홀로 넘어갈 때 캐디와 동반자가 "볼~~~"이라고 외친다. 볼 날아가니까 쳐다보고 사고를 미연에 방지하자 이런 의미이다. 그러나 볼은 잘못된 표현이다. "포어~~~"라고 해야 맞는 표현이다. 앞을 나타내는 포어라고 표현해야 한다.

5. 골프장에서 자주 쓰는 골프용어 50개

- **도구**
  1) 드라이버 (1번우드)   2) 페어웨이 우드   3) 아이언   4) 웨지
  5) 퍼터   6) 캐디백 (골프클럽 넣는 가방)   7) 보스턴 백 (옷가방)

- **골프장**
  8) 코스
  9) 해저드 (hazard) - 코스 안에 설치한 웅덩이, 개울 따위의 장애물
  10) 페어웨이 (잔디를 잘 깎아 놓은 코스의 중앙지역)

11) 러프 (페어웨이를 벗어난 코스의 지역)

12) 그린 (홀이 있는 곳)

13) OB 구역 (코스를 벗어난 지역)

- **플레이 관련**

14) 티잉 그라운드 : 해당 홀의 첫 타를 치는 구역

15) 티샷 : 티잉 그라운드에서 치는 첫 타

16) 티 : 공을 올려놓는 작은 막대기

17) 티 오프 (tee-off) : 첫 홀에서 티샷을 하는 행위

18) 티 타임 : 첫 티 오프를 하는 시간

19) 부킹 : 티 타임을 예약하는 행위

20) 세컨샷 : 티 샷 후 두 번째 샷

21) 온 그린 : 샷을 한 공이 그린에 올라감

22) 어프로치 : 그린 주변에 있는 볼을 컵 가까이 붙이기 위한 샷

23) 홀 인 : 홀 안으로 공을 넣음

24) 홀 인 원 : 한 번의 샷으로 홀에 공을 넣음

25) 버디 : 해당 홀 규정 타수보다 1타 적은 스코어로 홀인을 함

26) 이글 : 해당 홀 규정 타수보다 2타 적은 스코어로 홀인을 함

27) 알바트로스 : 해당 홀 규정 타수보다 3타 적은 스코어로 홀인을 함

28) 파 : 해당 홀 규정 타수와 같은 스코어로 홀인을 함

29) 보기 : 해당 홀 규정 타수보다 1타 많은 스코어로 홀인을 함

30) 더블보기 : 해당 홀 규정 타수보다 2타 많은 스코어로 홀인을 함

31) 트리플보기 : 해당 홀 규정 타수보다 3타 많은 스코어로 홀인을 함

32) 쿼드러플보기 : 해당 홀 규정 타수보다 4타 많은 스코어로 홀인을 함

33) 더블 파 : 해당 홀 규정 타수보다 2배 많은 스코어로 홀인을 함

34) 아웃 오브 바운스(Out of Bounds) : OB구역으로 볼을 날아가는 것

35) 캐디 : 해당 플레이어를 도와주는 도우미

36) 프로 : 골프를 직업으로 삼은사람

37) 세미프로 : 우리나라에서 프로가 되기 위한 1차 관문을 통과한 준프로

38) 티칭프로 : 가르치는 것을 주 업으로 하는 프로

39) 투어프로 : 시합으로 상금을 획득함을 주 업으로 하는 프로

40) 비기너 : 이제 막 골프를 시작한 초보자

41) 보기플레이어 : 평균 홀 스코어가 보기인 플레이어 (90타)

42) 싱글 플레이어 : 한 라운드 평균 9오버파 이내의 플레이어

43) 라운드 : 18홀을 도는 골프 한게임

44) 스크라치 플레이어 : 평균 이븐파를 치는 플레이어

  ① 핸디캡이 없는 것(파 플레이어),

  ② 핸디캡을 따지지 않고 상대방과 동등한 조건에서 경기를 하는 것.

45) 오버파 : 규정타수보다 스코어가 더 많이 나온 것

46) 이븐파 : 규정타수와 같은 스코어

47) 언더파 : 규정타수보다 적은 스코어

48) 라이 : 공이 놓여있는 곳의 기울기나 환경

49) 라인 : 그린에서 공이 굴러갈 길. 그 길의 기울기, 경사

50) 퍼트 : 퍼터로 공을 홀 쪽으로 굴림

위 용어 외 에도 아래 용어는 알아야 TV 중계 시청이 가능하다.

1) 초보자가 꼭 알아야 할 골프의 기초용어

- 갤러리(Galley)

골프 경기의 관중을 설명하는 것인데, 공식적인 대회에서는 경기를 구경하며 코스 내를 들어갈 수 있지만 보통 골프장에서 고객이 라운드 하는 동안은 관중이 들어갈 수 없다.

- 그랜드 슬램(Grand slam)

4개의 세계적인 메이저 대회를 말하며 여기에서 마스터스오픈, US 오픈, 브리티시 오픈, PGA 챔피언쉽이 있다.

- 그린 피(Green fee)

플레이어가 지불하는 골프장 입장 요금. 국내 골프장들은 그린피에 카트비(18홀 기준 2만원)를 별도로 받는다.

- 네트 스코어(Net score)

그로스 스코어에서 핸디캡을 뺀 스트록 타수

- 니어 핀(Near pin)

Par 3홀에서 볼이 핀에 가장 가까이 간 상태를 말한다.

- **도그 레그(Dog-Leg)**

티잉 그라운드부터 그린까지 코스가 개의 뒷다리와 같이 왼쪽 또는 오른쪽으로 모양으로 구부러져 있는 것

- **드롭(Drop)**

일반인들이 골프장에서 플레이 도중 스윙을 할 수 없는 위치에 볼이 떨어졌을 때 공을 주워서 이것을 다른 위치에 떨어뜨리는 것. 방법은 홀을 향해서 똑바로 서서 홀보다 먼 쪽으로 두 클럽 이내에 어깨 높이에서 공을 떨어뜨린다.

- **디봇(Divot)**

많은 아마추어가 잘못 알고 있는 용어중 하나로 스윙할 때 클럽헤드에 의해 떨어져 나간 잔디조각을 의미한다. 클럽의 자국으로 잘못 알고 있는데 그 자국은 디봇 마크 혹은 디봇 자리, 디봇 홀 등 이라고 부른다.

- **딤플(Dimple)**

골프 공 표면에 있는 파인 홈.
볼에 따라서 딤플의 수나 크기, 모양이 다르며 그것은 볼이 떠올리는 힘이나 방향성에 관계된다.

- **루스 임페디먼트(Loose Impediment)**

코스 안에 방치된 자연 장해물로, 플레이를 할 때 제거해도 되는 것들을 말한다. 루스 임페디먼트는 자연물로서

1. 고정되어 있지 않거나 생장하지 않고
2. 땅에 단단히 박혀 있지 않고
3. 공에 붙어 있지 않은 것으로서 돌, 나뭇잎, 나무의 잔가지, 나뭇가지, 동물의 똥, 벌레와 곤충 그리고 그것들이 만들어 쌓인 흙과 퇴적물 등이다.

모래와 흩어진 흙이 퍼팅 그린(putting green) 위에 있을 때는 루스 임페디먼트이지만 다른 곳에 있을 때는 아니다.

서리 이외의 눈과 천연 얼음은 경기자의 선택에 따라 캐주얼워터(casual water) 또는 루스 임페디먼트로 취급할 수 있다. 이슬과 서리는 루스임페디먼트가 아니다.

- **리플레이스(Replace)**

볼을 집어 들었다가 원래의 위치로 다시 갖다 놓는 것을 말하며, 일반적으로 그린 위에서는 공을 깨끗이 하기 위해 허용되나 다른 지점에서는 원칙적으로 용납되지 않는다.

- **롱기스트(Longest)**

    가장 멀리 나간 볼

- **로스트볼(Lost ball)**

    분실구

- **로컬룰(Local rule)**

    각 코스의 특수조건에 맞게 각 코스별로 설정하는 일련의 규칙

- **마커(Marker)**

    볼을 주워 올릴 때 볼 뒤에 볼의 위치를 표시하기 위해 놓는 용품

- **생크(Shank)**

    볼이 클럽헤드의 중앙에 맞지 않고 샤프트 쪽에 맞아 급각도로 비스듬히 오른쪽으로 휘는 미스 샷(오른손잡이의 경우)

- **서든데스(Sudden death)**

    2명 이상의 동점자가 나왔을 때 연장전의 한 방식으로 승부가 결정되는 홀에서 경기는 종료된다.

- **스루 더 그린(Throught the Green)**

    플레이 중인 홀의 티잉 그라운드와 코스 내의 모든 해저드 및 그린을 제외한 나머지의 전 지역, 즉 페어웨이나 숲을 말한다.

- **스웨이(Sway)**

    스윙할 때 상반신이 좌우로 흔들리는 것을 말함

- **스크래치(Scratch)**

    핸디캡을 정하지 않고 동등한 조건으로 하는 경기

    핸디캡이 0인 사람을 일컫는 말

- **언 플레이블(Unplayable)**

    볼을 치기에 어려운 지역에 들어간 경우나 플레이를 하기 힘든 상태에 놓인 볼의 위치

- **에지(Edge)**

    그린이나 벙커, 홀 등의 주변이나 가장자리 끝을 가리킴

    클럽 페이스 밑선도 에지라고 한다.

- **왜글(Waggle)**

    스윙의 느낌을 파악하기 위해 백스윙으로 시작하기 전에 클럽헤드를 좌우로 조금 흔드는 예비 동작

- **칩인(Chip in)**

  칩샷으로 공이 홀에 들어가는 것

- **카트(Cart)**

  골프 백을 싣고 운반하는 수레

- **캐디(Caddie)**

  라운드를 돌 때 골프백을 운반하며 경기자의 플레이를 보조하는 사람

- **캐리(Carry)**

  볼을 때린 지점에서 그 볼이 지상에 떨어지는 지점까지의 비거리

- **티잉 그라운드(Teeing Ground)**

  각 홀의 제 1타를 치는 장소

- **트러블 샷(Trouble shot)**

  치기 어려운 상황에서 샷을 하는 경우

- **펀치 샷(Punch Shot)**

  손목을 최대한으로 구사하여 백스윙을 적게 하고 볼을 낮게 날리는 샷

- **플레이오프(Play off)**

  성적이 동점이 되었을 때 두 명 이상의 선수가 연장전 경기를 하는 것

- **핀(Pin)**

  홀을 표시하기 위해 홀에 꼽혀지는 깃대

- **홀(Hole)**

  볼을 넣는 구멍

- **홀 아웃(Hole Out)**

  볼을 홀에 넣어 한 홀의 플레이를 끝내는 것

6. 골프의 코스

한국 골프인구가 가면 갈수록 많아지고 있다. 많은 사람이 골프를 즐기고 있는 상황에서 아직까지 골프장의 정확한 의미에 대한 이해가 부족함을 느낀다.

골프장 구분에는 회원제 골프장(Private)와 대중 골프장(Public)으로 나누어 볼 수 있다. 회원제 골프장에는 18홀 이상의 홀을 가진 골프장 중 회원을 모집하여 회원 중심으로 운영하

는 골프장을 말하며 회원 예약이 끝나면 비 회원도 라운드가 가능하다.

대중 골프장은 3홀, 6홀, 9홀, 18홀 그 이상의 골프장으로 회원이 없이 불특정 다수가 고객이 된다. 대중 골프장은 누구나 가서 이용할 수 있는 골프장으로 회원제 보다 세제 혜택으로 가격도 저렴하다.

골프장 명칭으로는 컨트리 클럽(Country Club)과 골프 클럽(Golf Club), 링크스 코스(Links Course), 골프 연습장(Driving Range)로 구분된다.

컨트리 클럽은 우리가 흔히 골프장으로 알고 있는 컨트리 클럽(CC)은 골프장뿐만 아니라 테니스, 수영장 등의 놀이공간이 함께 있는 곳을 말한다. 따라서 골퍼들만이 아니라 골프 이외의 스포츠를 즐기려는 사람과 가족 단위의 구성원들도 거기에 갖추어진 위락시설을 이용할 수 있다. 최근 들어 리조트라고 불리기도 한다.

골프클럽은 GC로 표기되는 골프클럽은 오로지 골프를 위한 시설만을 갖춘 경우를 말한다. 우리나라 골프장의 대부분이 이 GC에 해당한다. 그러나 아직까지 국내 대부분의 골프장은 CC로 표기하고 있는 실정이다.

링크스 코스는 바로 해안선을 따라 코스가 이어지는 코스를 말한다. 해안의 경관과 어우러져 장대한 경관을 연출하는 골프장이다. 해외에서는 미국의 페블비치 골프장, 스코틀랜드의 로열트룬 골프장, 로열도나크 골프장 등이 있다.

마지막으로 골프 연습장에는 실내 연습장과 실외 연습장으로 구분되어 있으며 골프 연습과 함께 레슨을 받을 수 있다. 또한 다양한 편의 시설이 갖추어져 골프실력 향상에 도움이 된다. 미국에서는 천연 잔디 위에서 골프 연습을 할 수 있는 곳이 많으나 국내는 매트 타석으로 된 연습장이 대부분이다. 따라서 일반 골프 연습장 명칭에 골프클럽을 사용하는 것은 잘못된 것이다.

현재 우리나라에는 약 550여개의(2016년 상반기 기준) 골프장이 있으며 규모가 큰 36홀, 54홀 72홀 까지 있으나 대체로 18홀 규모가 가장 많다. 1홀 당 평균 1만평이상의 넓이 있데 이것이 18홀이 되면 전체 넓이는 약 20만평이상이 된다. 또한 홀 외의 지역 내에 2.8배 이상의 녹지를 남겨야 하므로 18홀이라면 전체 넓이로는 적어도 33만평의 토지를 필요로 한다. 길이로 따지면 18홀 전체의 길이는 평균 6km이상이 된다. 그러므로 코스에서 18홀을 플레이하면 6km이상을 걷는 것이 된다.

코스는 18홀 단위로 되어있지만 이를 9홀씩 나누어 전반 1홀에서 9홀을 아웃 코스, 후반 10홀에서 18홀을 인 코스라 부른다. 이는 골프가 처음 시작된 영국의 세인트 앤드류의 코스가 전반 9홀을 클럽하우스에서 일방통행으로 가게하고 10번 홀에서 18번 홀로 되돌아오게 한 데서 유래한다. 그래서 'Going Out, Coming In'이라고 표현하고 Out과 In이 18홀을 둘로 구분하는 용어가 되었다. 물론 27홀 이라면 아웃코스와 인코스 대신 동코스, 서코스, 남코스 등의 다른 이름을 붙이기도 하며, 36홀인 경우는 이를 둘로 나누어 동코스, 서코스 등의 이름을 붙인 뒤 그 안에서 아웃과 인으로 나누는 것이 보통이다.

코스는 그 지형에 따라 정취가 달라지며 플레이의 난이도도 결정된다. 평야에서의 코스는 평평하고, 구릉 지대면 기복이 심한 업 다운의 코스가 된다. 대체로 평평하고 숲에 둘러싸여 있는 코스를 '임간코스', 기복이 많은 코스를 '구릉코스' 등으로 부른다. 그리고 해안부근에 만들어진 코스를 '시사이드 코스', 구릉코스와 같이 기복이 많은 코스로 산지에 만들어진 코스는 '고원코스'라 한다. 마지막으로 '하천부지 코스'가 있는데 이는 크고 작은 하천의 하천부지를 이용해 만들어진 코스다.

골프장에는 여러 코스가 있다. 코스마다 볼을 치는 장소(Teeing Ground)가 있고 공을 굴려 넣는 그린이 있다. 그린 위에는 공을 넣은 홀(Hole)이 있다. 구멍 안에는 깃발이 꽂혀 있는데, 깃발의 높이는 2.44m이상이 되어야 하며, 홀의 밑바닥에서부터 지면까지의 깊이는 7.62cm이고 홀의 직경은 10.8cm 이다. 또 각 코스의 길이는 약 100~600m 넓이는 약 50m 이상이다. 각 코스에는 언덕과 골짜기도 있고 연못이나 흐르는 물, 그 밖에 여러 가지 장애물을 설치하여 경기를 보다 재미있고 어렵게 만든다.

각 홀에는 그 홀을 나타내는 핸디캡이 있다. 이 핸디캡은 홀의 길이와 난이도를 기준으로 어려운 홀 순으로 붙여진 것으로 1번이 가장 어렵고 18번이 가장 쉬운 홀이다. 이런 난이도는 거리에서 대부분 결정되지만 거리가 짧은 홀이라도 해저드 등 의 장애물로 인해 난이도가 높아지기도 한다. 코스의 난이도를 숫자로 나타낸 것을 코스레이트라 한다. 코스레이트란 코스의 편차계수이다. 파가 같은 72인 코스라도 코스레이트에 따라 그 난이도는 달라진다.

1) 홀의 구성

코스를 구성하는 18홀은 티잉 그라운드(Teeing Ground)로부터 그린까지의 거리에 따라 PAR 3, PAR 4, PAR 5의 세 가지로 나누어져 있다. 18홀 중 PAR 3와 PAR 5는 각각 4개씩 있고 나머지의 10홀이 PAR 4로 구성되어 있는 것이 일반적 이며 합계 거리는 평균 6,000~6,500m가 된다.

이들 홀에는 제각기 기준타수(파)가 있는데 PAR 3는 3타로 PAR 4는 4타, PAR 5는 5타로 홀에 넣는 것이 기본이다. 18홀의 파의 합계는 72이다.

(1) PAR 3

229m(여자는 192m)이하의 짧은 홀인데 보통 1타로 볼을 그린에 올리고 2회의 퍼팅으로 홀 아웃(hole out)하는 것이 기본파 이다.

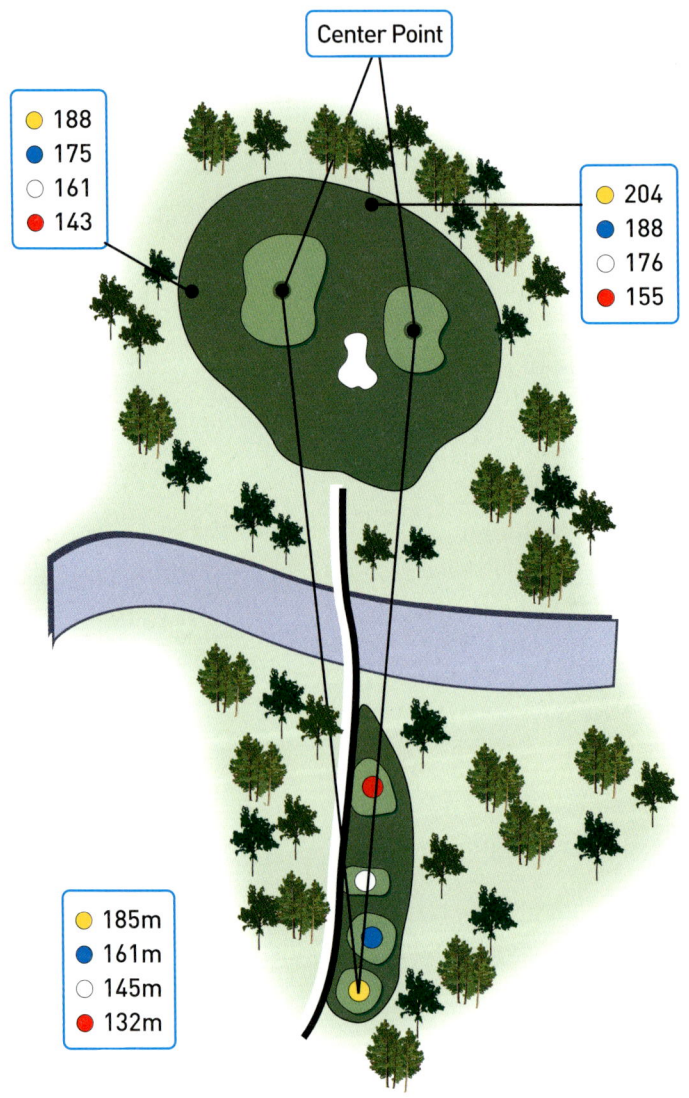

(2) PAR 4

230~430m(여자는 193~366m)까지의 홀인데 2타로 볼을 그린에 올린 다음 2회의 퍼팅으로 홀 아웃 하는 것이 기본이며, 18홀의 반수 이상을 차지하고 같은 PAR 4이지만 거리에 많은 차이가 있다.

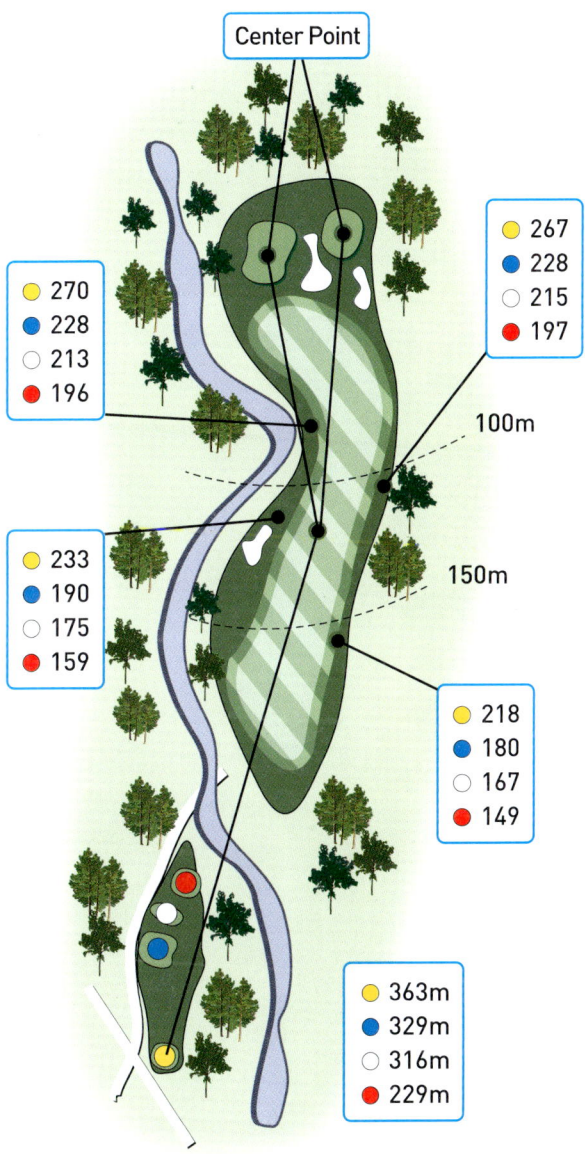

(3) PAR 5

431m(여자는 367~526m를 권장)이상의 홀인데 3타로 볼을 그린에 올리고 2회의 퍼팅으로 홀 아웃 하는 것이 기본파이다.

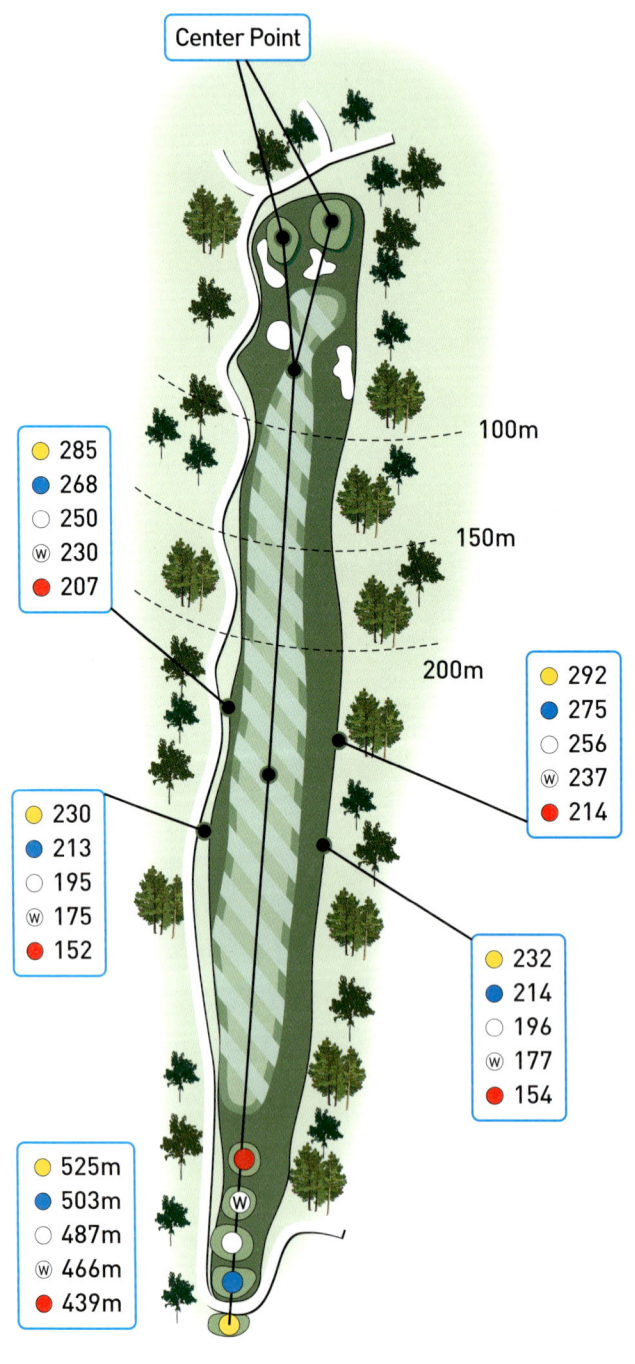

(4) 국내 별난 홀 (출처: http://www.salesmore.co.kr/569 Sales More.)

- 군산 CC 정읍코스 3번홀

  국내 골프장 중에 기네스북에 오른 1,004m 짜리 파 7홀이 있다.

- 골짜기 넘어 그린이 있는 파3 – 크리스탈밸리의 밸리 코스 6번홀

  의외로 치기 힘든 곳이지만 홀인원이 많이 나온다고 한다. 그린의 좌측이 경사지로 되어 있는데, 이곳을 맞고 굴러가다가 다시 뒤로 흘러가면서 홀인원이 된다고 한다.

- 파인밸리 밸리코스 2번홀 파6

  오리온 별 모양의 벙커

- **안양 제일CC**

  사람 손 모양의 샌드 벙커

- **SKY72 오션코스 17번 홀 파3**

  그린과 티잉 그라운드 외에는 다 샌드 벙커로만 구성된 홀

GOLF

골프, 이렇게 시작한다.

GOLF

제 VI 장

부록

# Ⅵ 부록

1. 골프의 역사

　지금까지 전해진 골프에 관한 가장 오래된 기록은 1457년 스코틀랜드의 왕이었던 제임스 2세가 남긴 "골프 금지령"에 관한 국회 기록이다.
　국민들이 남녀노소 할 것 없이 골프를 좋아해서 국가방위가 위태롭게 되자 "12세에서 50세까지의 모든 국민들에게 골프를 금지 한다"는 칙령을 내렸던 것이다.
　골프의 기원에 대해서는 여러 학설이 있다.
　기원전 로마. 시저의 병사들이 스코틀랜드 성을 정복한 후 새털로 된 공을 치며 놀았던 파가니카(Pila Paganica)란 게임이 골프가 되었다는 설…
　13세기 무렵 네덜란드에서 즐겨하던 코르(Chole)라는 빙상경기가 양모무역을 따라 스코틀랜드로 건너가 골프가 되었다는 설…
　중국 원나라 때 그려진 추환도 벽화에 남아있는 "츠이완"이라 불리던 중국의 골프. 환경(丸經)이라는 골프규정집까지 만들 정도로 구체적인 기록이 남아있는 중국 기원설…
　등등 세계 곳곳에서 골프와 유사한 룰과 신체활동을 한 기록은 참으로 많이 남아있다.
　하지만 이 중에서도 골프가 스코틀랜드에서 독자적으로 육성되었다는 설이 가장 유력하다.
　그것은 골프의 많은 용어에서도 찾아볼 수 있다.
　골프(Golf)란 스코틀랜드의 오래된 언어로 "치다"인 "고프(Gouft)"가 그 어원이다.
　스코틀랜드 북방 쪽 해안. 링크스(Links)라 부르는 기복이 많은 해안가 초원에서 들 토끼의 구멍에 나무작대기로 돌을 쳐서 놀던 양치기의 놀이가 지금의 골프가 된 것이다.
　양떼들이 다니는 길을 부르던 페어웨이(Fair Way), 들 토끼들이 잔디를 깎아 먹었던 장소를 부르던 그린(Green)이라는 말들이 의미 하듯 골프는 서민들의 놀이였고 스포츠 였다.
　국가방위를 빌미로 서민들에게 골프 금지령을 내렸지만 그때부터 왕족과 귀족들에게 골프 열풍이 불었다는 것은 무엇을 의미할까?
　골프의 유전자에는 제어할 수 없는 본능의 즐거움이 있는 것이다.

사방으로 전개된 녹음과 하늘 아래서 마구잡이로 뛰어놀던 "자치기"를 연상해보면....
그 원시 인간의 유전자가 만들어낸 쾌락이 숨어 있기 때문이다.
이렇게 골프는 시공(時空)을 달리해 전 세계로 뻗어갔다...

골프는 이제 전 세계 206개국에 약 35,000여개의 골프장이 있으며 그중 79%가 미국, 영국, 호주, 캐나다, 일본 등 상위 10개 국가에 몰려있다. 미국 내 골프장 수가 서서히 감소하고 있는 것으로 나타났다. AP통신에 따르면 '내셔널 골프 재단'이 4년간의 조사 뒤 발표한 보고서 '골프 어라운드 월드'는 전 세계 골프장수가 3만 4011개이며 이중 45%가 미국에 있다고 했다. 미국 골프장 수는 한 때 1만 6052개에 달했지만 지난 4년간 줄어들기 시작해 현재는 1만 5372개인 것으로 조사됐다. 2천개 이상의 골프장을 가진 나라는 일본 2383 캐나다 2363 잉글랜드 2084 등이 있고 호주 1628 독일 747 등이 있다

중국과 인도의 골프 클럽 시장이 향후 5년간 25%이상 성장할 것이라는 전망은 이제 골프가 전 세계 곳곳에서 보편적인 스포츠로 자리하고 있다는 증거다.

(출처: http://cafe.daum.net/21C.screengolf/dGEA/11?q=%B0%F1%C7%C1%C0%C7%20%B1%E2%BF%F8%BF%A1%20%B4%EB%C7%D8%BC%AD%B4%C2%20%BF%A9%B7%AF%20%C7%D0%BC%B3%C0%CC%20%C0%D6%B4%D9 21C. 스크린골프신규창업)

(출처: http://golfin.co.kr/news.php?ptype=view&idx=352&page=41&s_section=10&s_news_type=news 골프산업신문.)

- 버디1-이현세 지음

2. 한국 골프의 역사

한국골프는 1900년경부터 시작된다. 당시 원산세관에 있던 영국 고문들이 6홀의 골프코스를 만들고 공놀이를 했다는 기록을 통해서이다.

그 후 20여년이 지난 1921년 1월 조선호텔에서 고객 유치수단으로 골프장 설치를 계획하고 지금의 서울 효창공원자리에 경성골프 구락부를 개장하였다. 그러나 이 골프장은 1923년 공원지정으로 인해 폐장되고 말았다.

그 후 1924년 한국 최초의 정규코스인 파 70의 18홀인 골프장 육림이 개장되어 1929년 폐장될 때까지 활발히 운영되었다. 이 골프장은 일반인에게도 개방하여 골프인구를 확산시키는데 일임을 담당하였고, 1929년에는 제1회 조선골프선수권대회도 개최하여 한국 골프사의 첫 장을 연 골프의 산실이었다고 할 수 있다.

본격적으로 한국 골프가 궤도에 들어선 것은 1929년 군자리(오늘날 어린이 대공원 위치)골

프장이 개장되면서 부터이다. 군자리 골프장은 원래 왕실의 능 자리였으나 영친왕인 이은 공이 무상으로 임대해주고 골프장 건설비로 거액을 하사함으로서 완벽한 시공을 하게 되었다.

그 후 1964년 1966년에 이어 개장된 한양컨트리클럽과 태릉컨트리클럽이 개장되면서 한국 골프는 견고한 뿌리를 내리게 되었고, 1966년 5월 한국 골프장협회(KGA)가 발족했으며, 1968년 12월 한국 프로골프협회(PGA)가 창립되어 현재까지 활발한 활동이 계속되고 있다.

1) 초창기

(1) 국내 골프의 도입

우리나라에 처음 골프가 처음 도입된 것은 1880년대 영국인에 의해서 였다. 1880년, 원산항이 개항되자, 영국인들이 중국의 세관업무를 담당하게 되었다. 1880년부터 1905년 사이의 기간 동안에 최초의 원산 골프 코스가 영국인들에 의해서 만들어졌다고 전해지고 있다.

당시 세계 각지에 진출해 있던 영국인들의 생활 풍습 상 거주하던 곳마다 반드시 골프 코스를 두었던 점을 감안 한다면 위의 역사는 타당성을 갖고 있다고 여겨진다. 한국과 일본의 골프역사의 시발점을 만들었던 영국인이 당시 한국의 관세징수 사무를 맡게 된 과정을 확인하고 싶다면 일본관세 협회 발행의 「세관백년사」를 방증자료로 제시 할 수 있을 것이며, 내용은 다음과 같다.

"1880년 원산항이 개항되었고 관세징수사무를 청국에 위촉하였으나 당시 청국의 세관업무는 영국인을 중심으로 외국인들에 의해 운영되고 있었다." 조선골프소사(朝鮮골프小史)에 의하면 「구한국 정부시대에 외국인들이 개항도시인 원산의 세관 구내에 6홀의 골프코스를 건설했었다」고 전해지고 있는데, 이것은 이곳 세관특구 주변에 거주하고 있던 마을 노인들로부터 구전되었을 뿐이며, 또한 원산근교의 외인촌과 황해도 구미포에서 위와 비슷한 골프코스가 존재했지만 한국인의 출입뿐만 아니라 일본인까지도 출입이 통제 되었다고 한다.

그 후 원산이 시세의 확장에 따라 시가지 광장건설을 하게 되어 주택을 철거하던 중, 영국인이 살던 집 다락에서 낡은 골프채가 발견되어 구전되어오던 사실을 증명해주었다. 1897년 세관구내 해변 가에 조성된 골프코스는 일본보다 6년이나 앞선 것으로 나타났다.

(2) 한국 골프의 창시기

1917년에 조선철도국(朝鮮鐵道局)은 만주철도주식회사로 이관되었다.

조선철도국의 安藤又三郎 이사는 대련 만철 본사(大連 滿鐵 本社)에 출장 중, 성포 골프코스의 광대하고 쾌적한 플레이 현장을 보고, 경성에도 골프코스를 건설할 것을 구상하게 되었다. 다각도로 연구·검토한 결과, 철도국 직영의 조선호텔 숙박 객에 대한 서비스 및 외래 객 흡수책의 일환으로 호텔부속 골프 코스를 건설할 것을 결정하고, 철도국 관리 하에 건설계획이 추진되었다. 이렇게 하여 효창원 골프코스가 탄생하게 된 것이다. 당시의 회원들은 골프 규칙이나 에티켓을 알지 못했다.

  1922년 6월에 정무총감 有吉忠一가 부임한 이후 플레이 방식이 개선되었으며, 그는 골프에 관심이 많았으며 영국식 골프에 이해가 깊었기 때문에, 관민을 통하여 많은 골프 애호가를 배출하게 되었다. 효창원 골프 코스가 공원으로 유입됨에 따라, 골프 코스는 청량리로 옮겨가게 되었다.

  이때 철도국과 호텔로부터 골프 코스는 완전히 독립하여 건설되었으며, 1924년 4월 20일 설계나 자금투자를 달리한 사단법인 경성골프 구락부를 설립하게 되었다. 그 이후로도 대구(1923), 평양(1928), 군자리(1929), 원산(1929), 부산(1932) 골프코스 등이 차례로 개장을 하게 되었다. 1937년 9월 23일, 경성 골프 구락부에서는 조선골프연맹창립총회가 개최되어 규약과 임원이 결정되었다. 이사장, 상무이사, 이사가 1명씩 선임되었으며, 대구, 평양, 부산, 원산골프코스에서 이사 각 1명씩을 선임하고, 정식으로 조선골프연맹이 발족하였다. 골프연맹의 창설활동은 활발하였으며 골프의 밝은 전망을 볼 수 있었다. 최초의 한국인 골퍼는 1924년 청량리 골프코스에서 등장하였으며, 1929년에 개장한 군자리 골프코스에서 본격적으로 우리나라 골퍼들이 경기를 개최하고 참가하게 되었다. 또한, 군자리 골프코스에서 최초로 캐디가 등장했다고 한다.

(3) 조국의 광복과 한국 골프

  제2차 세계 대전으로 골프 코스는 농경지로 변모하였으며, 광복 후 4년 만에 골프코스를 복구하게 된다. 1949년 이승만 대통령의 지시에 의하여 군자리 골프코스가 복구되기 시작하였으며, 현장 시공은 연덕춘프로 에게 맡겨졌다. 그러나 농경지를 경작하던 소작농들의 잦은 시위로 코스 복구 작업은 난항을 거듭하였다. 소작농들의 요구를 일부 수렴하고 지원을 하기로 하여, 복구공사는 1949년 5월 완선히 마무리 할 수 있었다.

  복구 1년 만인 1950년 6월 25일, 북한의 침공으로 코스는 또다시 황폐화 되었다. 6.25동란이 지나고, 1954년 7월, 많은 우여곡절을 겪은 군자리 골프코스는 전장 6,750 야드, 파72의 국제 규격으로 재 복구 되었다. 그리고 1953년 11월 11일, 한국 골프사상 최초로 우리 손으로 이룩한 군자리 골프코스를 운영해 나갈 사단법인 서울 컨트리 구락부를 창설하였다. 이를 발단으로 1955년에는 부산 컨트리 구락부가 발족되었다. 1954년, 대통령 배 한국 아마추어 골프 선수권대회가 개최되었다.

그리고 1958년 6월12일, 군자리 골프 코스에서는 제1회 한국 프로 골프 선수권대회가 개최 되었다.

이렇게 군자리 골프 코스는 한국골프의 활성화를 도모하였으며, 해외교류의 발판을 마련하였다고 할 수 있다.

서울 컨트리 클럽 군자리 코스는 한국골프의 총본산 역할을 해야 했으며, 서울 컨트리 구락부에 의해 운영되었던 골프계는 제4회 월드컵 골프 경기 참가를 계기로 하여 한국 내 골프 대표기관을 설립해야 한다는 여론이 일기 시작했다. 1965년 9월 14일에 개최 되었던 한국골프협회 창립 준비 위원회 회의록에는, "한국골프협회는 1959년에 창설 되었으나 4.19의거당시 각 정당, 사회단체의 해산지시에 따라 유명무실상태로 지금에 이르렀다"고 수록되어 있다. 1959년, 골프계의 숙원 사업이었던 한국 골프 협회가 발족했음에도 불구하고 한국 골프의 대표기관으로서의 그 기능을 발휘하기에는 재정, 운영면 에서 여건이 미흡하였다. 1960년, 한국골프협회는 4.19 학생 의거로 각 정당,사회단체의 해산 지시에 따라 창립 1년 만에 유명무실하게 되었다.

한동안 소강 상태였던 골프계는 새로운 전환점을 만들기 위한 노력을 계속하게 되는데, 1965년 9월14일, 한국 골프 협회의 재 창립을 조속히 추진하려는 동호인들이 모여, 협회 창립 소위원회를 구성하고 본격적인 창립 활동을 하게 된다. 1965년 9월14일 개최된 협회 창립 준비 위원회의 결의에 의하여 협회 대의원을 선출하였다.

그리고, 1965년 9월23일 가진 한국골프협회 창립총회에서 총대의원 13명중 12명의 출석으로 개회를 선언하였다. 1953년 11월11일 발족했던 서울 컨트리클럽은, 한국의 골프를 본 궤도에 올려놓으려는 10여년 간의 끈질긴 추진으로, 많은 역경과 우여곡절 끝에 마침내, 1965년 9월23일, 조국광복 후 최초로 한국 골프 협회가 출범하였다. 사단법인 한국 골프협회 설립 허가 신청서를 관계당국에 제출, 동년 5월 3일부로 허가를 받음으로써 합법적인 대표기관으로 행사하게 되었다.

1965년에 창립한 한국 골프 협회의 시급한 과제는 한국 골프의 위상을 세계 골프 수준으로 올리는 것이었다. 그리하여, 1965년 12월17일, 협회는 국제 골프 연맹과 아시아 골프 연맹에 한국 골프 협회의 창립을 통고함으로써 국제 골프계와의 경기와 교류를 추진하였다. 이때부터 각종 국제 경기에도 우리나라 선수들이 참가하게 되었다. 1959년에서 1976년 사이에 국내 골프의 전망을 밝게 본 기업들이 골프장을 활발히 건설하게 되었다. 최초의 한양 컨트리클럽(1964)을 필두로, 태능 컨트리클럽(1966), 안양 컨트리클럽(1968;현 안양 베네스트 골프클럽), 용인 컨트리클럽(1970; 현 양지 컨트리클럽), 수원 컨트리클럽(1975) 등 20여 개의 골프장이 이 기간 내에 건설되었으며, 이 시기가 우리나라 골프사의 육성기라고 할 수 있는데 그 이후 골프 코스 건설이 수도권 주변을 벗어나 전국적으로 확산되는 경향을 나타내게 되었다.

2) 전환기

우리나라 골프 발전의 많은 기념비적인 일들을 해온 군자리 코스는 1970년 12월4일, 정부 방침에 따라 급작스럽게 어린이 대공원으로 개조하라는 지시를 받았다. 서울시측은 시가지가 앞으로 확장하게 될 전망이므로, 군자리 코스의 위치는 골프 코스로서는 적당하지 않다는 의견이었다. 1972년 10월 31일, 40 여년 간의 우여곡절을 이겨내었던 군자리 골프코스는 골프 동호인들이 착잡한 심정으로 지켜보는 가운데 영원히 볼 수 없게 되었다. 사단법인 한국프로 골프협회에서는 1968년 5월 17일, 연덕춘, 박명출, 배용산, 한장상, 이일안, 조태운 프로 골퍼들이 모여, '한국프로 골프협회 창립준비 위원회'를 결성하였다. 각종 경기를 치르면서, 프로 골퍼의 부단한 기술 향상과 국제적 위치를 확보하기 위한 노력하였다.

1968년 5월 22일, 한국 프로 골프협회 제1차 이사회를 허정구 이사의 사회로 개최함으로써 한국프로골프협회 출범 제1호 임원단의 구성을 보았다. 명문 골프장의 합리적인 운영과 골프장을 통한 관광사업의 발전에 기여함을 목적으로, 전국 골프장의 이사장이 발기인이 되어 한국 골프장 사업 협회가 1974년 1월 1일 창립하게 된다. 또한, 한국 시니어 골프 선수권 대회 등의 각종 국내 골프 경기가 1970년대에 시작되었다. 협회의 창립과 골프 코스 건설 등, 골프 발전을 위한 골프계 인사들의 활발한 활동은, 우리나라 골프가 성장하기 위한 발판이 되었다.

3) 발전기

1970년대에 이어 1980년대에는 더 많은 골프코스 건설이 추진되었다. 1979년에 제주도 오라 골프장이 개장되었으며, 경주에서는 조선 컨트리클럽의 건설이 추진되었다. 80년에는 경기도 정아 골프 코스, 82년에 창원 골프장, 83년에 광주 골프장 등이 연이어 건설되어 전국적으로 확산되며 대중화되는 경향을 나타냈다. 경기 사업을 살펴보민, 1984년에는 각종 경기 사업이 22종목으로 늘어났다. 골프 경기와 협회의 경기 사업은 본 괘도에 올랐다고 할 수 있다. 인도의 뉴델리에서 개최한 제9회 아시안 게임에 골프가 정식 종목으로 채택됨으로써 우리나라 경기 사업의 활성화를 도모하였으며, 주니어 신인 골퍼의 수와 기량이 늘어나게 되었다. 1984년 제2회 주니어 학생골프 선수권대회에는 대학생을 포함하여 100명 가까운 선수들이 참가하는 대성황을 이루었다.

또한, 여성 골퍼들의 증가로 한국 아마추어 부녀 골프 선수권 대회가 개최되었다. 제3회 대회에는 30여명, 5회(1980)에는 50여명, 8회(1984)에는 84명의 여성 골퍼들이 참가하는 성황을 이루었다. 경기의 종류도 다양해졌다. 오란씨 오픈 선수권 대회, 쾌남 오픈 골프 선수권 대회, 연합 오픈 골프 선수권 대회, 부산, 삼양, 수원, 동해 오픈 골프 선수권 대회 등 한국 골프의 대 성장기를 이루었다. 특히, 매경 오픈 선수권 대회는 매일경제신문사가 우리나라의 골프를 건전한 국민 스포츠로 육성하기 위해 1982년에 창설했다. 또한, 1982년도 제29회 월드컵 국제 골프 선수권 대회(멕시코)에서 최상호선수가 개인전에서 5위를 차지함으로써 국위를 선양하였다. 국제 골프 연맹은 대회의 세계화를 위하여 각국에 골프 외교를 벌였다.

1980년대는 여자 선수들의 대회 참가로 여성 골퍼의 지위 향상과 함께 골프계의 발전이 거듭되었다. 한국 골프 협회는 미래의 한국골프를 짊어지고 나갈 꿈나무들을 육성 보호하기 위하여 많은 노력을 하고 있다. 그 중의 하나가 주니어 골프 교실이다. 한국골프협회는 학생 및 주니어 골프 선수권 대회를 개최하기도 하였으며, 미국 골프 협회, 영국 R&A, 그밖에 30여개 국 골프 단체와 면밀한 협조관계를 유지해가면서 한국골프 경기 일정 안내와 골프장 시설 소개, 그리고, 현행 문화체육부에서 발행한 한국 소개 화보를 발송하기도 하였다. 1984년, 골프장 28개소, 연간 내장 객수 130여만 명이던 것이, 97년에는 운영 중인 골프장이 112 개소, 연간 내장객이 800여만 명을 넘어섰다. 이렇게 골프 인구는 계속 기하급수적으로 늘어나는 추세에 있으며, 국민체육으로서의 기능을 충분히 할 수 있을 것으로 예상된다.

1980년대부터 현재까지 프로 골프 분야에서는 박남신, 이강선, 김종덕, 구옥희와 같은 많은 우수한 선수들이 국내·외적으로 활발한 활동을 하고 있으며, 한국 골프의 국제적 위상 또한 높아져서 국제적 경기에서 우승을 하는 등 (강욱순 프로, 1997년 APGA, 오메가 투어 우승) 놀라운 발전을 하고 있다. 삼성물산의 박세리 선수는 최근 들어 삼성그룹의 후원과 자신의 피나는 노력으로 세계무대에 진출하여 미국 4대 메이저 대회 중 2개(98년 맥도널드 미국여자 프로골프 챔피언쉽 우승, 98년 US여자오픈 우승)를 석권하는 놀라운 위력을 과시하기도 하였다. 이로서 우리나라의 골프 위상은 세계무대로 발돋움 하게 하는 계기를 마련하게 되었다.

4) 이제 한국 골프는 어디쯤 서 있을까?

70~80년대의 발전기를 거치면서 한국의 골프역사는 이렇게 이어졌다.

1988년 구옥희 프로가 미국 프로골프대회에서 첫 우승을 하게 된다.

80년도 중반까지 골프장 인허가는 청와대 인가가 있어야 가능했고, 골프에 적의를 나타냈던 YS정부와 골프에 대한 호의를 보인 DJ 정부와 참여정부를 거쳐 현재 한국 골프계는 세계를 주름잡고 있는 것이다.

부작용도 많았다. 수억에 달하는 회원권은 고위층의 뇌물수수에 이용되기도 했고 미국의 5~6배, 일본의 3~4배에 달하는 그린피는 세계에서 최고로 비싸다.

부유층의 전유물로 인식될 만도 하다. 동남아나 중국 등 외국으로 골프여행을 떠나는 이유가 있었다....

그러나 지금은 대한민국의 골프장수가 약 500개를 넘고 있다. 대중골프장도 동네마다 즐비하다...특히 지방 소재의 회원제 골프장들은 적자를 걱정해야 하는 현실이다.

일반 서민들이 폭넓게 이용할 수 있는 저가의 소규모 퍼블릭 코스의 개발과 지역 친화적이고 자연친화적인 설계와 투자가 앞으로의 과제라 하겠다. (출처:http://tip.daum.net/question/39312899 다음팁)

5) 골프의 역사와 한국의 자치기.

사단법인 미 서부지역 자치기 연합회 회장. 黃搏史께서 쓰신 글입니다.

미국에 사시는 양반들...아무나.... 쫑도 하고, 메리도 하니..낸들 못싸랴 싶어서, 그냥 아무 뜻 없이 시작했던 골프가 어찌어찌 하다 보니 늙으막에 유일한 낙이 되었습니다.

가족중심의 미국이라는 나라에 이민을 와서 수 십 년을 일에 파묻혀 살다보니... 어쩌다 한가 할량 싶으면, 가끔 이리저리 정든 친구들도 만나고 싶기도 하지만...

만나서 저녁 한 그릇 먹고 헤어지는 날이 거듭 되풀이 되면서.

무언지 아쉽고 서운한 생각에 만들어진 것이 한 달에 한 번씩이라도 날을 정해서 골프회동을 하자는 것이였지요.

그러다보니 밋밋한 게임보다는 가끔 자존심을 건 사소한 내기가 신선한 열중과 재미를 더 해줍니다.

저녁 내기, 술 한 잔 내기, 돈 내기, 집 내기, 으~하하핫..! 마누라내기....쿨~럭, 골프에 얽힌 이야기가 사뭇 많을 수 밖에 없으니...

제목을 골프의 역사라고 부치고 글을 쓰면서도 이야기의 방향이 애초에 내가 원하는 방향으로 순순히 흘러 가 주질 않는군요.

사실은 골프의 기원과 역사가 궁금하기도 하여 만물박사라는 인터넷 검색을 통해서 자세히 알아보고자 했었습니다.

우스갯소리가 아니라...근자 몇 년에 걸쳐, 한인 타운과 한 두 시간 거리의 인접한 골프장마다 넘쳐나는 한인들의 골프 열풍을 보면서 어쩌면 골프는 애초에 대한민국에서 제일 먼저 시작되었을지도 모른다는 막연한 예감을 불식시키기가 어려웠습니다. 헌데, 검색으로 알아본 골프의 유래가 수 백 년을 거슬러 대서양을 건너 아메리카 대륙과 유럽을 하릴없이 왔다갔다 하면서 불분명한 골프의 역사를 추측하는, 확인 불가능한 전설들만 무성할 뿐...

아프리카와 아시아 쪽에는 전혀 시선이나 관심을 주지 않았던 편중된 지역에 대한 연구결과에 따른 차별과 그에 기인한 오류가 한국인인 나를 몹시 성질나고, 짜증나게 했을 뿐만 아니라 무엇보다도 똑 부러지게 수긍하기 쉽지 않은 근거가 불충분한 골프에 대한 기록들을 믿을 수가 없었습니다.

부득불, 만사 걸어 부치고 골프 역사의 진실을 찾아 탐사와 추적 및 연구를 시작 했습니다.

골프장이 많기로 소문난 미 서부 LA근교의 골프장을 두루 돌아보며 고증의 단서가 될 만한 찢어진 공과 꺽이여 버려진 티들을 모아 비교 분석하기도 했으며 특히 아프리카 대륙과 아시아 대륙을 수 십 차례 지도로 보면서 각 대륙 특유의 민속놀이에 대한 유래를 살펴 수집하다가 드디어 오늘날 골프와 가장 흡사한 놀이를 발견하는 놀라운 쾌거를 이룩하였습니다.

그것은 위대한 발견 이였습니다.

골프의 어제와 오늘을 확실하게 학술적으로 입증 할 수 있는 귀한 역사적 놀이.

그것은 역시 놀랍게도 바로 한국의 자치기였습니다.

설명이 필요 없이 자치기는 긴 작대기 하나와 짧은 작대기라는 준비물만 있으면..

넓은 공터로 자리를 옮겨 언제 어디서고 즐길 수 있었던 한국 고유의 전통 민속놀이였습니다.

시대의 발전과 좀 더 고급스러운 자치기를 즐기고 싶다는 사람들의 욕구에 부응하여, 맨땅에서 하던 자치기 터에 파란 잔디를 깔고 주변을 조경화 하였으며 작은 작대기를 멀리 쳐 올리던 긴 작대기의 효능을 높이고 내구성을 강화하기 위하여 여러 모양의 작대기가 개발되지 않을 수 없었을 것입니다.

뿐만 아니라, 하늘로 쳐 올려지던 작은 작대기는 좀 더 먼 거리로 정확히 보내지기를 바라는 사람들의 희망을 담아.

럭비공처럼, 어데로 튈지 몰랐던 작은 나무 쪼가리에 비해 탄력있는 하얗고 작은 둥근 모양으로 변화되지 않을 수 없었으니..

결국 오늘날의 골프볼이 바로 자치기의 작은 작대기의 변형이라는 것에 대하여 어느 누가 감히 논리적으로 반대를 할수 있겠습니까?

자치기의 룰 중에서 100점 200점씩 정해서 하던 룰은 18홀 72타를 기본으로 규정했으며 수비와 공격을 병행하던 근대적 놀이에서 지구에 평화정착을 위한 인류화합이란 시대적 요구에 편승하여 어제의 적과 화해의 손을 잡고 네 명이 한 조가 되어 한 홀 한 홀 서로 같은 팀 인

척 사이좋게 전진해 가지만...

거기에는 신사적인 매너로 위장한 너와 나의 치열한 승부와 또, 혹독한 자기 극복이 승패의 직접적인 관건이 됨은 두말할 나위가 없으니...

네 편 내 편으로 적군과 아군이 분명했던 과거에 비해 피아를 구분키 어려운 오늘의 살벌한 생존경쟁을 반영한 혼탁한 시대의 산물 일 것입니다.

좌우지당간에 골프의 역사는 한국의 자치기에서 비롯되었다는 오랜 나의 연구 결과를 기쁜 마음으로 쉼터의 골프를 사랑하시는 여러분들께 제일먼저 귀뜸 해 드립니다.

할 일 무쟈게 없어서....새로 대단한 감투하나 뒤집어 썼습니다.

3. 캐디

캐디(Caddie, Caddy)라는 단어의 유래는 개스콘 옥시댄 캡데스(Gascon Occitan capdeth) 혹은 Capdeth에서 그 기원을 찾을 수 있다. 이 단어의 의미는 '어린 소년의 대장 혹은 두목'을 의미하는데, 후에 불어에서 꺄데(Cadet)로 변형되었다. 15세기 프랑스 군대에 복무하던 꺄데 드 가스꼬뉴(Cadet de Gascogne) 대위의 이름과도 연관 지어지는데, 인물과 단어의 연관성에 대한 정확한 근거는 없으나 여기서 유래되었다는 설만이 있을 뿐이다. 아무튼 꺄데(Cadet)라는 단어가 이후 1634년에 스코틀랜드 지방에서 Caddie 혹은 Cadie 단어로 처음 등장하면서 점점 '가방을 옮기는 사람이나 이를 위해 고용된 모든 사람'을 의미하기 시작했다.

여기에서 등장하는 인물이 스코틀랜드 비운의 여왕인 '메리(Mary) 여왕'이다. 메리 여왕은 아버지 제임스 5세의 병사로 인해 생후 9개월만에 여왕 대관식으로 치렀으며, 6세 때 프랑스 왕세자와 정략결혼으로 프랑스로 건너가게 되었다. 프랑스에서 왕세자비로 또한 왕비로 교육을 받으며 생활하다가 메리 여왕이 18세 되던 해에 남편이 죽자 고향인 스코틀랜드로 돌아오게 된다. 이때 함께 스코틀랜드로 건너오게 된 이들은 프랑스에서부터 그녀를 지켜주고 경호하던 프랑스 생도들도 있었다. 스코틀랜드로 돌아온 메리 여왕은 골프를 무척 즐기는 골프광이었는데, 100년 전인 제임스 2세 때부터 스코틀랜드는 골프게임을 국가적으로 금지하고 있었던 때였다. 당시 사람들이 스코틀랜드의 공격무기였던 활쏘기 연습을 게을리 하고 골프만 친다고 해서 내려진 금지령이었다. 그러나 메리 여왕은 이에 아랑곳 하지 않고 골프를 즐겼으며, 이때 그녀를 경호하던 프랑스 생도들이 가방과 클럽들을 나르면서 편하게 게임을 즐길 수 있도록 도왔다.

당시 프랑스 생도들을 꺄데(Cadet)라고 불렀는데, 이후 이 단어가 앞서 말한 바와 같이 캐디(Caddie, Caddy)라는 영어식 단어로 바뀌면서 가방을 나르는 사람 등의 의미로 사용되기 시작한 것이다. (출처: http://blog.naver.com/slmedia1/40208699146 위드골프)

우리나라에서는 1921년 효창공원에 골프코스가 개장되었는데, 이 시절에는 캐디라기보다 골퍼가 직장에서 업무를 돕는 사환들을 코스로 데리고 와 지금의 캐디 일을 시켰다고도 한다. 최초로 캐디가 등장하는 것은 1930년대 초 개장한 군자리 코스시절부터. 경성 골프 구락부 소속 직원 가운데 오늘날의 캐디 마스터 정도의 임무도 맡은 사람이 그 날 필요한 인원을 주변 마을에 연락하여 캐디역할을 할 남자들을 수급했다고 하는데, 대개 농한기에는 농부들이, 농번기에는 부락 소년들이었다고 한다. 정식으로 국내 캐디 1호는 1963년 당시의 최갑윤(당시 21세)씨로 알려져 있다. 그가 골프와 인연을 맺은 것은 15세 때인 1957년으로 그가 당시 야간 중학교에 다니면서 미군들이 골프 연습을 하는 곳에서 볼을 주워주는 대가 1~2달러 정도의 팁을 받았다고 한다. 그리고, 중학교를 졸업한 뒤 1960년에 개장한 서울 C.C.의 정직원이 되었다.

골프 코스가 점차 증가한 1960년대 접어들면서 캐디의 수요가 점차 늘자 여성캐디들도 나타나기 시작했고, 우리나라에는 캐디가 여성들의 직업으로 인식되기 시작한 것도 이때부터이다.

(출처: http://blog.naver.com/slmedia1/40208699146 위드골프)

군자리 골프코스 클럽하우스 전경

경성 골프 구락부

4. 골프 용어 대사전

- 가드 벙커(Guard bunker) - 그린을 감싸는 모양을 한 벙커.
- 갤러리(Gallery) - 경기를 관전하는 관람객.
- 거티(Gutty) - 구타페르카제 골프볼을 가르키는 속어로 guttie라고도 함.
- 고투스쿨(Go to school) - 퍼팅에서 주로 쓰이는 용어로 경기자의 퍼팅을 유심히 관찰하여 퍼트의 방향과 속도를 파악하는 것.
- 고블(Gobble) - 과감한 퍼팅으로 홀에 볼을 넣는 것.
- 고잉 아웃(Going out) - 전반 9홀로 클럽 하우스로부터 출발해 나가는 방향의 홀.
- 골든 이글(Golden eagle) - 파보다 3타수 적은 수로 홀 인하는 것으로 알바트로스이 라고도 함.
- 골프 코스(Golf course) - 골프 경기를 할 수 있게 조성된 경기장으로 정식 코스는 18홀 이상이며, 규정 타수는 70~73타가 일반적임.
- 구스넥 퍼터(Gooseneck putter) - 샤프트의 L자로 굽은 매듭에 헤드가 거위목처럼 부착된 퍼터.
- 그라운드 언더 리페어(Ground under repair) - 일시적으로 플레이할 수 없는 코스 내의 지역으로 페널티없이 볼을 옮겨 드롭할 수 있으며, 볼이 지역 밖에 있어도 플레이어가 그 지역에 서게 되어 플레이에 방해가 된다면 볼을 옮길 수 있음.
- 그라파이트(Graphite) - 탄소실을 사용한 최근에 개발된 클럽 샤프트의 재료.
- 그래스 벙커(Grass bunker) - 모래는 없고 풀만 있는 벙커.
- 그랜드 슬램(Grand slam) - 4대 메이저 타이틀인 마스터즈, 브리티시오픈, US오픈, PGA챔피언 십의 대회를 한 해에 모두 석권하는 대기록.
- 그레인(Grain) - 그린 위에서 자라는 잔디의 방향 또는 잔디결.
- 그로스 스코어(Gross score) - 네트 스코어를 산출하기 위해 한 홀이나 라운드에서 핸디캡을 빼기 전 실제로 친 타수.
- 그리니즈(Greenies) - 파 3홀에서 티샷을 그린에 가장 가깝게 붙인 사람에게 일정 금액을 주는 내기경기.
- 그린(Green) - 깃대와 홀컵이 있는 곳으로 잔디를 짧게 깎고 잘 다듬어 놓은 퍼팅을 하는 지역.

- 그린 섬(Green some) - 4인이 플레이할 때 2인씩 1조가 되어 티 그라운드에서 각자의 볼로 티샷을 하여 그 중 유리한 위치의 볼을 선택하여 플레이하는 경기방식.
- 그린 자켓(Green jacket) - 우승자를 비유할 때 쓰는 말로 마스터즈대회의 우승자에게 녹색상의를 입혀 주는 것에서 유래.
- 그린 키퍼(Green keeper) - 코스를 정비하는 사람.
- 그린 피(Green fee) - 골프장 입장요금.
- 그립(Grip) - 클럽 샤프트의 손잡이로 가죽이나 고무로 감겨져 있는 부분 또는 샤프트를 쥐는 동작.
- 기브 업(Give up) - 스트로크 플레이에서는 경기 자체를, 매치 플레이에서는 해당 홀을 포기하는 것
- 긴티(Ginty) - 그립이 용이하도록 V자형 바닥판을 첨부하여 최근에 새로이 보완된 우드 클럽.
- 김미(Gimme) - OK와 같은 의미로 아주 짧은 거리의 퍼팅에 대하여 홀인한 것으로 인정을 구하는 행위.
- 깃대(Flagstick) - 멀리서 홀의 위치를 알 수 있도록 홀컵에 꽂는 막대, 핀이라고도 함.
- 나쏘(Nassau) - 18홀 라운드를 인, 아웃, 전체의 3부분으로 나누어 매치 플레이를 하여 각각의 승자가 1점을 획득하는 내기게임.
- 내기(Bet) - 내기를 거는 것을 말함.
- 내로우 블레이드(Narrow blade) - 페이스 폭이 좁은 아이언.
- 내츄럴 골퍼(Natural golfer) - 천부적 재능을 가진 골퍼를 가리키는 말로 어릴 때부터 체계적인 골프수업을 받은 사람.
- 내츄럴 그립(Natural grip) - 야구배트를 쥐듯이 그립을 잡는 방법으로 열 손가락으로 그립하는 것, 일명 베이스 볼 그립이라고도 함.
- 네버 업 네버 인(Never up never in) - 홀에 오지 않는 볼은 결코 홀에 들어가지 않는다는 뜻의 퍼팅을 위한 교훈으로 짧은 퍼팅보다는 거리가 약간 남게 퍼팅하라는 말임.
- 네트 스코어(Net score) - 한 홀이나 라운드의 총 타수에서 핸디캡 스트로크를 뺀 스코어.
- 넥(Neck) - 클럽 헤드와 샤프트가 연결되는 부분.
- 노 리턴(No return) - 플레이어가 경기를 포기하고 스코어 카드를 제출하지 않는 것.
- 니 낙커(Knee-knocker) - 경기자가 심리적 부담을 가지게 되는 2~4피트 떨어진 퍼팅.
- 니 액션(Knee action) - 볼에 최대한의 체중을 싣기 위해 양 무릎을 이동하는 방법.

- 니블릭(Niblick) - 9번 아이언.
- 닉카 봇카(Knicker bocker) - 초창기 골프용 바지로 무릎 아래 부분이 좁게 조여 있는 형태의 바지.
- 다운(Down) - 경기 중 상대편에 뒤지고 있는 상황을 말함.
- 다운 블로우(Down blow) - 공을 치기 위한 스윙의 단계 중 뒤로 올려진 상태에서 공을 치기 위해 내려오는 과정을 통칭.
- 다운 스윙(Down swing) - 클럽이 아랫방향으로 볼까지 움직이는 스윙 부분.
- 다운힐 라이(Downhill lie) - 볼이 내리막 경사에 위치하고 있는 상태.
- 다잉 퍼트(Dying putt) - 볼이 홀컵 가까이에 이르러 볼의 속도가 줄어서 컵 속으로 들어가거나 컵의 근접 지역에 멈추도록 하는 퍼팅.
- 댄스 플로어(Dance floor) - 티 그라운드와 그린 사이의 잔디가 잘 깎여진 지역으로 볼을 착지 시키기 좋은 곳.
- 더블 보기(Double bogey) - 한 홀에서 파보다 2타수 많은 스코어.
- 더블 이글(Double eagle) - 한 홀에서 파보다 3타수 적은 스코어로 알바트로스와 같은 말.
- 더퍼(Duffer) - 볼의 뒷땅을 치는 Duff를 자주하는 사람이란 말로 초보자인 비기너와 같은 뜻.
- 더퍼즈 딜라잇(Duffer's delight) - 초보자가 무리없이 사용할 수 있는 5번 아이언.
- 더프(Duff) - 타구시 볼을 정확히 맞추지 못하고 볼의 뒷땅을 치는 것.
- 덕 훅(Duck hook) - 오른쪽에서 왼쪽으로 심하게 곡선을 그리는 낮은 샷.
- 던치 샷(Dunch shot) - 발이 빠지는 모래구덩이에서 볼을 칠 때 「퍽(dunch)」소리나는 짧은 샷을 말하며 이것은 팔로스루가 거의 없음.
- 덥(Dub) - 미스 샷을 한 경우 또는 실수를 한 경우.
- 데드(Dead) - 홀에 아주 가까워서 다음 퍼팅에서 놓칠리 없는 볼로 매치 플레이에서는 이런 볼에 기브를 줌.
- 도그 렉(Dog leg) - 개다리 모양처럼 페어웨이가 왼쪽 또는 오른쪽으로 굽은 홀을 말함.
- 도미(Dormy) - 매치 플레이에서 이긴 홀수와 남은 홀수가 같을 때.
- 도트(Dot) - 볼 표면에 붙어 있는 검은 표지.
- 돈 패트롤(Dawn patrol) - 새벽라운딩을 하는 골퍼.
- 드라이버(Driver) - 1번 우드로 클럽 세트 중에서 가장 파워가 센 클럽이며 티에서 최대한의 거리를 내기 위해 사용.

- 드라이브(Drive) – 1번 우드나 드라이브로 하는 티샷.
- 드라이빙(Driving) – 드라이브로 친 볼.
- 드라이빙 디스턴스(Driving distance) – 드라이버로 볼을 쳐서 멈춘 지점까지의 거리.
- 드라이빙 레인지(Driving range) – 드라이브를 칠 수 있는 200야드가 넘는 실외연습장.
- 드라이빙 아이언(Driving iron) – 헤드가 무겁고 로프트가 매우 작아 장타를 칠 때 주로 사용하는 손잡이가 긴 아이언.
- 드로우(Draw) – 훅처럼 심하진 않으나 오른쪽에서 왼쪽으로 가볍게 휘는 샷.
- 드롭(Drop) – 경기 중 볼을 잃어버렸거나 경기가 불가능한 위치에 볼이 놓였을 때 규정에 따라 경기가 가능한 위치로 볼을 옮겨 놓거나 새로운 볼을 다시 놓는 것으로, 플레이어는 똑바로 서서 어깨 높이로 팔을 뻗어서 핀에 가깝지 않게 볼을 떨어뜨림.
- 디봇(Divot) – 스윙시 클럽 헤드에 맞아 패여진 잔디의 파편 또는 자국.
- 디시젼(Decision) – 제정규칙의 이의나 논쟁에 대한 결정.
- 디폴트(Default) – 기권.
- 디센딩 블로우(Descending blow) – 클럽을 휘둘러 내리는 것.
- 디스퀄리파이(Disqualify) – 규정 외의 부정 행위나 투어에서 규정된 성적 이하로 플레이의 자격을 박탈당하는 것.
- 딤드 투 무브 볼(Deemed to move ball) – 움직였다고 인정되는 볼.
- 딤플(Dimple) – 골프볼 표면에 파인 분화구 형태의 홈으로 이 딤플의 원리로 볼이 뜨게 됨.
- 라스트 골(Last goal) – 일년 중 맨 마지막으로 열려 시즌을 종료하는 경기.
- 라운더스(Rounders) – 볼과 홀 사이에 있는 캐주얼 워터를 피하기 위해 홀로부터 동일한 거리를 유지한 채 그린의 왼쪽 또는 오른쪽으로 볼을 옮기는 것.
- 라운드(Round) – 경기를 위하여 코스를 따라 도는 것.
- 라이(Lie) – 낙하된 볼의 위치나 상태 또는 클럽 헤드와 클럽 샤프트의 각도.
- 라인(Line) – 목표물에 볼을 보내기 위해 정해 놓은 송구선.
- 라인 업(Line up) – 퍼팅할 때 볼과 홀을 연결하는 선을 눈으로 정하는 것.
- 라인 오브 플라이트(Line of flight) – 비구선, 볼의 위치에서 목표점을 연결한 직선과 연장의 가상선.
- 라튼 스테디(Rotten steady) – 코스 상태가 나쁘거나 그 밖의 어려운 상황에서도 일단 시작한 코스는 끝까지 라운딩하는 것.

- 래그(Lag) - 퍼팅할 때 다음 퍼팅으로 확실히 홀인할 수 있는 가까운 거리에 볼을 근접 시킬 목적으로 제1퍼팅을 하는 것.
- 래터럴 워터 해저드(Lateral water hazard) - 볼이 들어가기 전 마지막 지점과 홀을 연결 하는 후방선상으로 하천이 계속되어 이어지는 워터 해저드.
- 러너 업(Runner-up) - 우승자 다음의 차점자.
- 러프(Rough) - 그린 및 해저드를 제외한 코스 내의 페어웨이 이외의 지역인 풀이나 나 무가 무성한 곳.
- 러닝 어프로치(Running approach) - 어프로치 샷의 한 방법으로 비교적 로프트가 적은 아이언으로 볼을 멀리 굴려서 홀에 접근시키는 것.
- 럽 오브 더 그린(Rub of the green) - 움직이는 볼이 국외자에 의해 정지되었거나 방향 이 바뀐 경우 및 그 행위.
- 럿 아이언(Rut iron) - 수레바퀴 자국이나 발자국에 놓인 볼을 치기 위해 개발된 클럽 헤드가 짧은 클럽.
- 레귤러 티(Regular tee) - 건장한 일반 남성을 위한 티 그라운드로 후방은 백 티, 전방은 프론트 티가 있음.
- 레드 그랜지(Red grange) - 투어에서 기록한 77타의 성적.
- 레드 넘버즈(Red numbers) - 언더 파 이내의 성적을 기록한 경기자들의 타수를 표시한 득점판.
- 레이 아웃(Lay out) - 코스의 설계.
- 레이디스 티(Ladies tee) - 통상 붉은 티 마크로 표시되는 여성전용 티 그라운드.
- 레이트 비기너(Late beginner) - 노후에 골프를 시작한 나이 많은 초심자.
- 레이트 히트(Late hit) - 다운 스윙 때 클럽 헤드의 되돌아오는 동작을 늦춰서 순발력 을 증가시키는 타법.
- 레퍼리(Referee) - 위원회에서 임명된 심판원.
- 렝스(Length) - 거리.
- 로브(Lob) - 높게 천천히 날아가는 타구로 백 스핀과 추진력이 적은 볼로 그린에 떨어진 뒤 굴러가지 않음.
- 로스트 볼(Lost ball) - 경기 중 잃어버린 볼.
- 로스트 홀(Lost hole) - 패배한 단위 홀, 매치 플레이를 할 때 쓰임.
- 로우 사이드(Low side) - 경사진 그린에서 홀보다 낮은 지역.

- 로컬 날리지(Local knowledge) - 해당 코스의 지형적, 자연적 조건, 특수성을 알고 있는 것.
- 로컬 룰(Local rule) - 개별 골프장이 자체적으로 정한 규칙.
- 로테이션(Rotation) - 임팩트 직전의 손목 움직임으로 움직이는 정도에 따른 클럽 헤드의 움직임이 임팩트 시 페이스 앵글을 결정함.
- 로프트(Loft) - 클럽 페이스의 각도 또는 경사.
- 롤 오버(Roll over) - 스윙의 피니쉬가 끝나자마자 양손을 얼굴이나 가슴 앞으로 급하게 끌어오는 것.
- 롱 아이언(Long iron) - 일반적으로 1, 2, 3번 아이언을 말하며 샤프트가 길고 로프트가 낮아 다루기가 힘든 반면 비거리가 길다.
- 루스 그립(Loose grip) - 그립을 꽉 잡지 않고 스윙하거나 그 형태를 부르는 말.
- 루즈 임페디먼트(Loose impediment) - 코스 내에 있는 나무토막, 돌, 모래, 흙과 같이 큰 것 또는 전체에서 떨어져 나온 부분적인 자연장애물로 플레이할 때 제거해도 됨.
- 루키(Rookie) - 아마추어에서 프로로 전향하여 첫 해를 맞는 프로골퍼.
- 루프(Loop) - 스윙의 탑 동작에서 지나치게 클럽을 젖힌 나머지 클럽이 볼의 뒤에까지 오는 스윙동작.
- 룩 업(Look up) - 공을 친 순간에 얼굴을 들어 볼을 확인하는 행위로 헤드 업과 같은 뜻으로 쓰임.
- 리더 보드(Leader board) - 스코어 보드와는 별도로 파를 기준으로 각 경기 선두그룹 선수들의 성적을 표시하는 게시판.
- 리듬(Rhythm) - 전체적인 페이스나 템포속에서 발생하는 스윙의 박자.
- 리딩 더 그린(Reading the green) - 퍼팅할 때 홀컵으로 가는 라인을 선택하는 것.
- 리브 잇(Leave it) - 홀컵의 깃대 주위에 있는 캐디나 경기자에게 다음 경기자가 퍼팅을 할 수 있도록 그 지역에서 벗어나라는 말.
- 리커버리 샷(Recovery shot) - 나쁜 샷을 만회하기 위해 잘 치는 샷.
- 리콜(Recall) - 규정을 위반한 경쟁자에게 수정을 요구하는 것.
- 리페어(Repair) - 코스나 그린을 손질하는 것.
- 리프트 앤 클린(Lift and clean) - 볼이 페어웨이에 박혔거나 진흙에 빠졌을 때 볼을 들어 닦는 것.
- 리플레이스(Replace) - 그린 위에서 볼을 깨끗이 닦기 위해서 주웠다가 원래 있던 자리에 다시 놓는 것.

- 릴랙스(Relax) - 긴장을 풀고 천천히 여유있게 하는 것.
- 릴리스(Release) - 내리치는 손의 힘을 빼고 임팩트의 헤드 스피드를 가속시키는 동작.
- 릴리스 포인트(Release point) - 릴리스 효과가 최대가 되는 지점.
- 릴리프(Relief) - 해저드나 방해물의 영향을 받고 있는 볼을 드롭하는 지점.
- 링크스(Links) - 바닷가와 접한 골프 코스를 말하며 초기 영국의 골프 코스들의 전형적인 형태.
- 마샬(Marshal) - 경기위원이 임명한 장내 정리인.
- 마커(Marker) - 스트로크 경기에서 선수의 스코어를 기록하는 사람. 볼을 집어들 때 볼의 위치를 표시하기 위해 쓰는 동전이나 표식.
- 매쉬(Mashie) - 5번 아이언 정도의 로프트를 갖는 클럽
- 매쉬 니블릭(Mashie niblick) - 7번 아이언.
- 매치 플레이(Match play) - 2인 또는 2팀간의 경기로 각 홀의 낮은 스코어를 기록한 팀이 그 홀을 이긴 것이며, 많은 홀을 이긴 쪽이 승리하는 경기방식.
- 멀리건(Mulligan) - 최초의 샷이 잘못되어 벌타 없이 주어지는 티샷.
- 메달 플레이(Medal play) - 스트로크가 가장 적은 플레이어가 이기는 경기로 스트로크 플레이 라고도 함.
- 메달리스트(Medallist) - 스크래치 플레이에서 스코어가 가장 적은 사람에게 주어지는 호칭.
- 메이크 더 컷(Make the cut) - 토너먼트 경기에서 경기 성적이 저조한 경기자를 탈락시키는 것.
- 멘탈 헤저드(Mental hazard) - 아무리해도 빠져나가기 힘든 심리적인 장애물.
- 묻힌 라이(Buried lie) - 볼이 부드러운 잔디나 모래에 떨어져 시야에서 벗어났을 때의 라이.
- 미드 매쉬(Mid mashie) - 4번 아이언.
- 미드젯 킬러(Midget-killer) - 지면으로 볼을 낮게 날리는 드라이버.
- 미들 홀(Middle hole) - 230~430m 의 홀, 여자는 193~360m.
- 미디엄 아이언(Medium iron) - 미들 아이언으로 4, 5, 6번 아이언.
- 미스 더 컷(Miss the cut) - 토너먼트에서 본선진출에 실패하는 것으로 보통 컷 오브를 통과하지 못했다고 함.
- 믹스드 포섬(Mixed foursomes) - 남녀혼합 4인경기.
- 바나나 볼(Banana ball) - 오른손잡이가 칠 때, 왼쪽에서 오른쪽으로 휘는 샷, 슬라이스의 속어.

- 바든 그립(Vardon grip) - 영국의 명골퍼 해리 바든(1870~1937)에 의해 창안된 오버래핑 그립의 별칭으로 V자 그립이라고도 함.
- 바로우(Borrow) - 플레이어가 경사진 그린에서 퍼팅을 곡선으로 가도록 하는 정도.
- 바이트(Bite) - 볼에 강한 백 스핀을 거는 것.
- 반샷(Half shot) - 스윙의 폭을 구사할 수 있는 전체의 반 정도의 힘과 동작으로 구사하는 것.
- 밧휘(Biffy) - 4번 우드로 헤드는 조금 작고 로프트가 큼.
- 백 나인(Back nine) - 18홀 라운드 중 후반 9홀.
- 백 스윙(Back swing) - 클럽을 후방으로 들어 올리는 동작.
- 백 스핀(Back spin) - 볼에 역회전이 생겨 볼을 떠오르게 하고 그린에서 딱 멈추게 하는데 언더 스핀이라고도 함.
- 백 카운트(Back count) - 순위가 동일한 경우 우승자를 가리는 방법으로 후반부에 가중치를 두어 승리자를 판단하는 것.
- 백 티(Back tee) - 티 그라운드의 가장 뒤쪽에 있는 티로 코스의 정규 거리는 이 백 티에서 계산되며 챔피언 티라고도 함.
- 백스핀 매쉬(Backspin mashie) - 나무로 된 헤드클럽으로 5번 아이언 로프트이며 표면에 깊숙히 파인 홈이 있음.
- 버디(Birdie) - 한 홀에서 파보다 1타수 적은 스코어.
- 버튼훅(Buttonhook) - 홀을 향해 가볍게 친 볼이 한쪽 면을 치고 그 주위를 돌다가 홀의 앞쪽 가장자리로부터 다시 튕겨와 경기자에게 되돌아오는 것.
- 버피(Buffy) - 4번 우드로 로프트는 14도 전후, 길이는 40인치 전후가 기준.
- 벙커(Bunker) - 주위보다 깊거나 표면의 흙을 노출시킨 지역 또는 모래로 되어 있는 장애물로 크로스 벙커, 사이드 벙커, 그린 벙커가 있음.
- 벙커 샷(Bunker shot) - 벙커 안에 떨어진 볼을 그린이나 페어웨이로 쳐내는 타법.
- 베스트 볼(Best ball) - 1팀 선수들의 각 홀마다의 성적 중 가장 좋은 스코어만 집계하여 최종 점수를 환산하는 방식.
- 베스트 볼 앤 에그리게이트(Best ball and aggregate) - 포볼 매치인 경우로 전 홀에서 최고 성적을 낸 플레이어와 최저 성적을 낸 플레이어를 1조로 하는 방식.
- 베어 그라운드(Bare ground) - 잔디나 풀이 나지 않는 곳으로 흙이 드러나 있는 곳.
- 베터 볼(Better ball) - 베스트 볼과 같은 의미로 쓰임.
- 보기(Bogey) - 한 홀에서 파보다 1타수 많은 스코어.

- 보기 플레이어(Bogey player) - 1라운드 90 전후의 골퍼로 애브리지 골퍼라고도 함.
- 부비(Booby) - 최하위 성적자를 가리키지만 보통 최하위에서 2번째나 3번째 플레이어에게 주는 상을 말함.
- 불즈아이 퍼터(Bull's-eye putter) - 곡선모양의 굽과 놋쇠 부분이 있는 퍼터로 중심이 잡혀 있어 균형이 뛰어남.
- 브라더 인 로 방식(Brother-in-law act) - 투볼에서 파트너끼리의 조화를 이룬 스코어를 설명하는 데 쓰임.
- 브래시(Brassie) - 2번 우드로 드라이버보다 1인치 정도 짧고 조금 무거우며 로프트가 많음.
- 브레이크(Break) - 볼이 그린에서 구를 때 퍼팅이 옆방향으로 휘어지는 지점.
- 브리티시 오픈(British open) - 전영오픈, 1860년 창설된 세계에서 가장 오래된 역사를 자랑하는 골프대회로 그 권위를 강조하여 디 오픈(The open)이라고도 함.
- 브이 쉐입(V shape) - 그립을 잡을 때 집게와 엄지손가락이 이루는 V자모양의 형태.
- 블라인드(Blind) - 지형의 기복이나 숲에 의해 타구의 목표점이 보이지 않는 경우.
- 블라인드 샷(Blind shot) - 현재 위치에서는 깃대나 이상적인 안착점을 볼 수 없는 상황에서 하는 샷.
- 블라인드 홀(Blind hole) - 티 그라운드에서 그린이 보이지 않는 홀.
- 블래스트(Blast) - 벙커에서 모래를 폭발시키듯 치는 것으로 익스플로젼 샷이라고도 함.
- 블레이드(Blade) - 아이언의 칼날형으로 된 부분.
- 블레이드 퍼터(Blade putter) - 평평한 면의 금속으로 된 경타용 골프클럽으로 보통 아랫쪽에 작은 테두리가 있고 $\frac{1}{2}$인치 정도의 정사각형 윗모서리가 있음.
- 블로우(Blow) - 볼을 힘차게 치는 것.
- 비스크(Bisque) - 핸디캡 홀을 자신이 스스로 선택하는 매치 플레이.
- 비지터(Visitor) - 회원제 컨트리클럽에서 비회원 골퍼를 지칭.
- 사이드(Side) - 2인 1조의 투볼 포섬 포맷이나 베스트 볼 매치인 경우 각 조의 상대편을 서로 부를 때 쓰며 같은 사이드의 선수는 파트너라고 함.
- 사이드 벙커(Side bunker) - 페어웨이의 방향과 같은 방향으로 양측에 위치한 벙커.
- 사이드 블로우(Side blow) - 볼의 옆을 쳐서 튕겨 보내듯이 치는 것.
- 사이드 스핀(Side spin) - 볼이 옆으로 회전하는 것으로 우회전을 하면 슬라이스, 좌회전을 하면 훅의 원인이 됨.

- 사이드 힐 라이(Side hill lie) – 볼이 날아가는 선과 평행한 면에 놓인 볼의 위치.
- 샌드 배거(Sand bagger) – 토너먼트나 내기경기에서 이기기 위하여 임의적으로 핸디캡을 올리는 경기자.
- 샌드 세이브(Sand save) – 그린 사이드 벙커에서 파나 버디를 잡는 확률로 벙커 샷을 핀에 붙이거나 그대로 넣는 능력을 나타내는 것.
- 샌드 아이언(Sand iron) – 모래웅덩이를 효과적으로 탈출하기 위해 고안된 아이언으로 다이너마이터라고도 함.
- 샌드 웨지(Sand wedge) – 주로 모래벙커 샷에 쓰이는 아이언.
- 샌드 트랩(Sand trap) – 흔히 벙커라고도 하는 샌드 해저드.
- 샌디(Sandy) – 샌드 벙커를 벗어나 원 퍼터로 홀인시키는 것.
- 생크(Shank) – 샷할 때 볼이 클럽 샤프트의 목 부분에 맞는 미스 샷.
- 샤프트(Shaft) – 클럽의 헤드와 그립을 연결하는 막대기 부분.
- 샷 건(Shot gun) – 전 홀에서 동시에 출발하는 경기.
- 서든 데쓰(Sudden death) – 2인 이상의 동점자가 나와 토너먼트를 마무리 지어야 할 때 채택하는 연장전의 한 방법으로 1홀씩의 스코어로 승패를 가림.
- 써킷(Circuit) – 순회경기로 아시안 써킷은 아시아 지역을 돌며 라운딩하는 대회를 말함. 세이브(Save) – 볼이 그린을 벗어나 벙커나 그린 옆의 러프 지역에 떨어져 파 플레이가 의심스러운 경기.
- 셀렉티드 스코어(Selected score) – 하루 그라운드를 돈 다음 스코어가 좋은 것을 선택하여 1라운드 토탈을 집계한 스코어.
- 셋(Set) – 경기를 하기 위해 준비된 클럽장비 일체, 볼을 타격하기 위해 잡은 자세, 경기의 종료.
- 셋업(Set up) – 볼을 치기 위해 자세를 잡는 어드레스동작.
- 소니 랭킹(Sony ranking) – 세계 상위 프로골퍼들의 공식 투어성적을 기준으로 순위를 정하는 전산 시스템으로 1986년에 만들어져 매주 월요일마다 발표함.
- 소켓(Socker) – 샤프트와 클럽 헤드가 연결되는 부분 또는 이 곳에 볼을 맞히는 것.
- 솔(Sole) – 클럽 헤드에서 지면과 닿는 부분.
- 숏 게임(Short game) – 그린 위나 주위에서 하는 샷 플레이.
- 숏 아이언(Short iron) – 샤프트 길이가 중간 정도이고 로프트가 적절히 커 다루기가 비교적 용이한 7, 8, 9번의 짧은 아이언의 총칭.

- 숏 어프로치(Short approach) - 가까운 거리에서 홀에 붙이는 것으로 웨지의 최대 비거리 이내의 거리에서 힘조절에 의한 테크닉이 필요한 경우.
- 숏 컷(Short cut) - 홀의 순서를 무시하고 가까이 있는 다른 홀로 옮기는 것으로 코스가 복잡한 곳에서는 허용되지 않음.
- 숏 홀(Short hole) - 240~250야드의 거리 이내로 원 샷에 홀접근이 가능한 거리가 짧은 파3의 홀
- 슈팅 라잇 아웃(Shooting lights out) - 보기없이 계속하여 버디나 이글을 기록하는 것.
- 스냅(Snap) - 클럽이 볼에 닿는 순간 힘을 최대한 전달하고 볼의 방향을 조절하는 손목 꺾기 동작
- 스네이크(Snake) - 30피트 이상 거리의 굽은 롱퍼팅.
- 스루 더 그린(Through the green) - 티 그라운드, 해저드, 그린을 제외한 코스 내의 모든 지역.
- 스마더(Smother) - 임팩트시 클럽을 닫아주는 일련의 동작.
- 스웨이(Sway) - 스윙시 몸 중심선을 좌우 또는 상하로 이동시키는 것.
- 스위트 스폿(Sweet spot) - 볼을 맞추어야 하는 클럽 페이스의 중심점.
- 스위프 오프(Sweep off) - 클럽 헤드의 원심력을 이용하여 볼을 쓸어내듯 스윙하는 것.
- 스윙 밸런스(Swing balance) - 자신의 기량이나 습성에 맞도록 클럽의 무게중심을 조절하는 것.
- 스윙 스루(Swing through) - 테이크 백에서 클럽 헤드가 최고점에 달하는 탑에서 클럽을 멈추지 않고 바로 다운 블로우로 연결시켜 스윙하는 것.
- 스윙 웨이트(Swing weight) - 스윙시 느끼는 클럽 헤드나 클럽 샤프트 등의 클럽무게.
- 스윙 플레인(Swing plane) - 스윙시 클럽, 손, 팔, 힙 등이 그리게 되는 궤적으로 스윙 포물선과 함께 스윙을 좌우함.
- 스카이(Sky) - 클럽이 볼 아래쪽에 빗겨맞아 의도했던 것보다 짧고 높이 날아가는 샷.
- 스카이프(Scaif) - 볼을 가격하기 전에 볼 뒷부분의 지면을 타격하는 행위.
- 스카치 포섬(Scotch foursome) - 2인 1조의 경기로 볼을 번갈아 가며 치는 얼터니트 방식으로 경기를 진행.
- 스커프(Scuff) - 볼을 정확히 타격을 하지 못하고 뒷땅을 치는 것.
- 스컬(Skull) - 칩 샷이나 피치 샷에서 볼을 너무 강하게 쳐서 의도했던 지점보다 훨씬 멀리 친 샷.

- 스코어(Score) - 각 홀을 타수나 총 타수.
- 스코어 카드(Score card) - 18홀의 거리, 파, 핸디캡, 홀의 순위, 이름, 연월일, 어테스트란, 플레이어의 사인란 등이 있는 카드로 플레이어는 홀의 스코어를 기입하고, 경기에서는 마커와 본인의 사인을 하여 경기위원회에 제출함.
- 스쿱(Scoop) - 아이언으로 볼을 높이 쳐 올리는 것.
- 스퀘어 스탠스(Square stance) - 양쪽의 발끝이 비구선과 평행하게 발의 위치를 정하는 것.
- 스퀘어 페이스(Square face) - 어드레스나 임팩트 순간에 의도했던 라인아래를 겨냥한 클럽
- 스크래치 플레이(Scratch play) - 핸디캡을 적용하지 않는 경기.
- 스크래치 플레이어(Scratch player) - 핸디캡이 0인 플레이어.
- 스크램블(Scramble) - 1팀의 4인 전원이 티샷을 하고 그 중에서 세컨 샷이 가장 유리한 샷을 선택하여 그 위치에서 다시 각자의 세컨 샷을 하는 경기방식.
- 스킨스 게임(Skins game) - 3~4명의 골퍼가 경기하여 낮은 스코어를 기록한 플레이어가 이기게 되는 내기 경기. 만약 2명 이상의 플레이어가 동점이면 내기는 다음 홀로 미루어져상금은 2배가 되고 두 번째 홀에서도 동점자가 나오면 세 번째 홀로 미루어지게 되는데 이 때 해당 홀의 승리를 스킨이라고 하며 승리자를 스킨의 승리자라 함.
- 스탠스(Stance) - 볼을 향해 두 발의 위치를 정하고 타구 자세를 취하는 것.
- 스테디 플레이어(Steady player) - 기복이 없는 기량의 소유자로 스코어의 변동폭이 적은 꾸준한 플레이어.
- 스토니(Stony) - 홀인한 것이나 다름없게 볼을 깃대에 가깝게 붙인 것.
- 스트로크(Stroke) - 볼을 올바르게 칠 의도를 갖고 행하는 클럽의 전진 방향으로서 타격동작을 말함.
- 스트로크 플레이(Stroke play) - 정해진 홀 수를 플레이해서 각 홀의 타수를 총 합계한 것 또는 그 총 타수에서 핸디캡이 있는 경우 그 수를 제하고 수가 가장 적은 사람이 승자가 되는 게임으로 메달 플레이라고도 함.
- 스티미(Stymie) - 홀컵 선상에 상대편 볼과 홀 중간사이에 놓인 방해구.
- 스티프(Stiff) - 어프로치 샷시 홀에 매우 가깝게 붙인 볼의 상태, 힘이 들어간 자세 또는 클럽 샤프트의 경도가 높은 경우를 지칭할 때 쓰임.
- 스틸 샤프트(Steel shaft) - 철제 손잡이.

- 스팀프 미터(Stimp meter) - 그린의 빠르기를 재는 기구.
- 스폿(Spot) - 볼 뒤에 동전 등의 마크를 놓아 그린 위의 볼 위치를 표시하는 것.
- 스폿 퍼팅(Spot putting) - 퍼팅 그린에서 일정 지점을 설정하여 그 일정 지점을 기준으로 홀을 공략하는 퍼팅.
- 스페이드 매쉬(Spade mashie) - 6번 아이언 또는 그 정도 수준의 로프트를 갖고 있는 클럽.
- 스푼(Spoon) - 3번 우드.
- 스핀(Spin) - 임팩트 후 볼에서 생기는 회전.
- 슬라이스(Slice) - 볼이 오른쪽으로 꺾여 전체적으로 비구선보다 오른쪽으로 심하게 휘는 볼.
- 슬로우 백(Slow back) - 여유있게 서서히 클럽을 들어올리는 것.
- 식스 포인트 매치(Six point match) - 3인이 페어링이 된 경우 각 홀에 6점씩을 걸고 그 홀의 승자에게 점수를 주는 경기방식.
- 싱글(Single) - 2인이 라운드하는 것, 핸디캡이 9이하 1까지의 플레이어를 통칭.
- 씬(Thin) - 클럽의 중앙 윗부분을 잘못 맞아 낮게 날아간 볼.
- 아미(Army) - 초반 9홀의 성적을 기준으로 핸디를 정하는 것.
- 아웃 드라이브(Out drive) - 상대방보다 멀이 드라이브하는 것으로 오브 드라이브라고도 함.
- 아웃 오브 바운즈(Out of bounds, OB) - 플레이 금지구역이며 대개 흰 말뚝으로 표시되어 있음.
- 아웃사이드(Outside) - 어드레스시 플레이어가 서 있는 방향에서 볼 오른편 지역.
- 아웃사이드 에이전시(Outside agency) - 경기자와 관계없는 제3자인 국외자로 채점자, 심판, 경기위원, 고용한 포어 캐디 등을 말함.
- 아웃사이드 인(Outside in) - 타구시 클럽 헤드가 볼이 날아가는 라인의 바깥쪽에서 안쪽으로 비스듬하게 들어가는 것.
- 아웃코스(Outcourse) - 전반 9홀로 클럽 하우스에서 출발해 나간다는 뜻.
- 아이언(Irons) - 헤드 부분이 금속으로 되어 있는 클럽.
- 아이언 플레이(Iron play) - 아이언만 사용하는 경기.
- 아크(Arc) - 스윙에서 클럽 헤드가 휘둘러지는 궤도.
- 알바트로스(Albatross) - 파보다 3타수 적은 수로 홀인하는 것으로 더블 이글이라고도 함.
- R and A(Royal and Ancient) - 영국 골프협회로 정식으로는 Royal and Ancient golf club이며 현재 골프 룰을 관장하고 전영오픈을 주최함.
- 야데지(Yardage) - 홀이나 코스의 거리를 야드 단위로 표시한 숫자.

- 야데지 레이팅(Yardage rating) - 각 홀의 비율, 난이도이며 코스 레이팅이라고도 함.
- 야데지 포스트(Yardage post) - 홀의 번호, 홀까지의 거리, 1홀의 파 등을 써서 티 그라운드에 세워 놓은 표지.
- 어게인스트(Against) - 맞바람일 때 티업은 낮게, 팔로스루는 억제를 해가며 힘을 쏟는 일 없이 천천히 샷을 하는 것.
- 어게인스트 윈드(Against wind) - 앞에서 불어오는 바람, 즉 바람이 불어오는 쪽으로 플레이하는 것으로 거리를 내기가 어려울 뿐만 아니라 슬라이스, 훅의 변화도 커짐.
- 어드레스(Address) - 스윙을 하려고 발의 위치를 정하고 볼에 클럽 페이스를 겨누는 것.
- 어드바이스(Advice) - 플레이어에게 클럽 선택이나 스트로크 방법에 대해 조언하는 것.
- 어웨이(Away) - 깃대에서 가장 멀리 떨어진 볼을 말하며 다음 샷의 순서를 결정하는 기준으로 가장 먼 선수가 제일 먼저 침.
- 어테스트(Attest) - 경기종료 후 마커가 스코어 카드에 틀림없음을 증명하기 위해 서명하는 것.
- 어퍼 블로우(Upper blow) - 드라이버가 스윙의 맨 밑 지점을 통과한 다음 타면의 각도가 위로 향하는 순간에 볼을 맞히는 타법.
- 어프로치(Approach) - 가까운 거리에서 핀을 명중시켜 치는 샷으로 1백야드를 비롯하여 그린 가장자리까지 그 거리는 다양함.
- 어프로치 각도(Angle of Approach) - 클럽 헤드가 볼 쪽으로 내려올 때의 각도.
- 어프로치 퍼터(Approach putt) - 볼을 핀에 가까이 가도록 하는 롱 퍼트.
- 어프로치 플레이(Approach play) - 홀의 가까운 곳에서 하는 샷으로 칩(Chip), 피치(Pitch), 런닝(Running) 어프로치가 있음.
- 언더 리페어(Under repair) - 수리중인 코스를 뜻하며 보통 흰 선 또는 붉은 말뚝으로 표시.
- 언더 스핀(Under spin) - 역회전 볼.
- 언더 클러빙(Under clubbing) - 전략적으로 짧은 클럽을 선택하는 것.
- 언더 파(Under par) - 규정 타수보다 적은 스코어를 통칭.
- 언더 핸디캡(Under handicap) - 핸디캡이 따라 다니는 플레이어.
- 언듀레이션(Undulation) - 코스의 높고 낮은 기복 상태를 말함.
- 언콕(Uncock) - 다운 블로우에서 꺾인 손목을 임팩트 이후 풀어서 원상태로 돌아가도록 하는 것.

- 언플레이어블 라이(Unplayable lie) - 볼이 치기에 불가능한 지역으로 들어간 경우나 플레이를 하기 힘든 상태에 놓였을 때의 볼 위치.
- 얼터니트 스트로크(Alternate stroke) - 볼을 칠 때 2인의 파트너가 서로 번갈아 가면서 치는 경기방식.
- 업(Up) - 매치 플레이인 경우 이긴 홀 수의 합 또는 상대편에 자기편이 이긴 경기의 합을 나타냄.
- 업 앤 다운(Up and down) - 그린의 경사가 심한 것을 말함.
- 업 투 고(Up to go) - 매치 플레이의 성적을 말할 때 사용. 즉 3 up 5 to go인 경우 5홀을 남기고 3홀을 이기고 있다는 뜻.
- 업라이트 스윙(Upright swing) - 스윙의 궤도가 지면과 수직에 가깝도록 하는 스윙.
- 업라이트 힐(Upright hill) - 올라가는 경사가 급한 홀의 언덕.
- 업힐(Uphill) - 홀의 고저가 그린에 가까울수록 높게 되어 있을 때 부르는 말.
- 에버리지 골퍼(Average golfer) - 중급정도 실력의 일반 골퍼로 핸디가 18 15정도 임.
- 에브리지 스코어(Average score) - 스트로크 플레이로 각 홀의 합계 타수를 평균해 1홀의 스코어를 정하는 것.
- 에어 샷(Air shot) - 공을 맞히지 못하고 완전히 빗나가서 바람만 이는 것.
- 에이스(Ace) - 한 번의 스트로크로 한 홀을 마치는 것으로 홀인원이라고도 함.
- 에이지 슈트(Age shoot) - 18홀 라운드를 자기 나이와 같거나 그보다 적은 타수로 마무리하는 것인데 남자는 6천야드 이상, 여자는 5천4백야드 이상으로 규정되어 있음.
- 에지(Edge) - 홀, 그린, 벙커 등의 가장자리 또는 끝.
- 엑셀레이션(Excellation) - 다운 스윙으로 클럽 헤드가 가속되면서 내리쳐 오는 것.
- 엑스트라 홀(Extra hole) - 승패가 결정되지 않은 경우 연장을 위해 규정해 놓은 홀.
- 연습 티(Practice tee) - 골퍼들이 골프백에 있는 모든 클럽을 가지고 샷 연습을 할 수 있는 연습라운드.
- 예측 라인(Imaginary line) - 퍼팅을 할 때 볼로부터 홀컵에 이르는 가상 퍼팅라인.
- 예측 컵(Imaginary cup) - 호돈 스미스가 만들어 낸 말로 훌륭한 퍼팅은 마음속에 그려진 상상의 홀컵을 향해 쳐야한다는 의미.
- 오너(Honor) - 티 그라운드에서 제일 먼저 볼을 칠 권리로 이전 홀에서 가장 좋은 성적을 기록한 사람에게 주어짐.

- 오버(Over) - 볼이 목표한 그린이나 홀을 넘어서 멀리 떨어지는 것 또는 타수가 기준 타수보다 많을 때 사용.
- 오버 스윙(Over swing) - 스윙의 탑동작에서 필요 이상으로 클럽을 치켜드는 것.
- 오버 스핀(Over spin) - 볼의 회전이 위에서 아래로 걸리는 경우로 착지후 많이 구르게 됨.
- 오버래핑 그립(Overlapping grip) - 가장 흔한 그립 방법으로 오른쪽 새끼손가락을 왼손 둘째손가락의 관절과 맞물리게 하는 것으로 바든 그립이라고도 함.
- 오즈(Odds) - 약자에 주어지는 핸디캡.
- 오픈 스탠스(Open stance) - 오른발을 왼발보다 조금 볼쪽으로 내놓고 목표를 향해 취하는 어드레스자세.
- 오픈 챔피언십(Open championship) - 프로나 아마추어가 모두 출전할 수 있는 선수권대회.
- 오픈 토너먼트(Open tournament) - 지역적으로 열리는 오픈경기.
- 오픈 페이스(Open face) - 클럽 페이스를 수직보다 조금 벌어진 기분으로 놔두는 것으로 탑 오브 스윙일 때는 클럽 페이스가 하늘을 향해 있음.
- 오피셜 핸디캡(Official handicap) - 공식 관련기관으로부터 인정을 받은 핸디캡.
- 온(On) - 볼이 그린 위에 있는 것.
- 온 그린(On green) - 볼을 그린 위에 올려 놓는 것.
- 올 스퀘어(All square) - 승부가 나지 않는 무승부.
- 와인드 업(Wind up) - 허리를 비트는 스윙의 단위동작 중 하나.
- 왜글(Waggle) - 클럽에 탄력을 붙이는 동작으로 백 스윙을 시작하기 전에 손목만으로 가볍게 클럽을 흔들어 굳어 있는 부분을 부드럽게 하는 운동.
- 우드(Woods) - 목재 헤드를 가진 클럽.
- 워터 해저드(Water hazard) - 코스 안에 걸쳐 있는 호수, 연못, 습지, 강 등의 장애물.
- 원 라운드(One round) - 코스를 한바퀴 돌아 18홀을 플레이하는 것.
- 원 샷 홀(One shot hole) - 티 오프를 하여 제1타로 볼을 그린 위에 올려놓을 수 있는 거래 내의 홀.
- 원 아이언(One iron) - 볼을 낮게 멀리 날리는 드라이브용 클럽으로 곧은 클럽 페이스를 갖는 아이언.
- 원 온(One on) - 1타로 볼을 그린에 올려 놓는 것.
- 원 피스 스윙(One piece swing) - 전체 기능이 일체화된 백 스윙.

- 웨이트 쉬프트(Weight shift) - 스윙의 동작 중 볼에 체중을 싣기 위한 체중을 이동시키는 상태
- 웨지(Wedge) - 클럽 페이스가 넓고 로프트가 크며 솔이 넓어 볼의 역회전과 띄우기가 용이하게 설계된 어프 로치용 아이언.
- 위닝 샷(Winning shot) - 승부를 내는데 결정적으로 도움이 된 타구.
- 윈드 치터(Wind cheater) - 바람의 영향을 줄이기 위해 평소보다 낮게 날리는 볼.
- 윈터 룰(Winter rules) - 플레이가 곤란한 겨울철에 볼의 원만한 스윙을 위해 원래 라이의 6인치 이내의 거리 까지 볼을 옮길 수 있게 허락하는 로컬 룰이며 홀 근처에서는 허용되지 않음.
- 이글(Eagle) - 한 홀에서 파보다 2타수 적은 스코어.
- 이매큘레이트(Immaculate) - 홀컵을 향해 일직선으로 굴러가는 완벽한 샷.
- 이븐(Even) - 파와 동타일 때 또는 승패를 가리기 어려울 때.
- 익스플로전 샷(Explosion shot) - 볼이 벙커에 들어갔을 때 모래와 함께 강타하여 그 압력으로 볼을 모래와 함께 벙커에서 탈출시키는 샷.
- 인 바운드(In bound) - 경기 지속이 가능한 구역.
- 인 제일(In jail) - 볼의 타격이 불가능한 라이에 떨어졌을 때.
- 인 플레이(In play) - 경기자가 티 그라운드에서 최초로 볼을 치기 시작하여, 홀컵에 볼을 집어넣어 홀 아웃 할 때까지의 경기진행 상태.
- 인사이드(Inside) - 의도한 라인의 플레이어 쪽의 지역.
- 인사이드 아웃(Inside out) - 클럽 헤드를 볼의 비행선 안쪽에서 볼에 닿도록 바깥쪽으로 스윙하는 것.
- 인코스(Incourse) - 후반 9홀, 클럽 하우스로 들어온다는 뜻으로 백 나인 또는 인이라고도 함.
- 인터락킹 그립(Interlocking grip) - 오른손 새끼손가락과 왼손의 두 번째 손가락을 겹쳐 죄어쥐는 그립방법.
- 인터클럽 매치(Interclub match) - 클럽들 사이의 대항경기 또는 각 클럽의 선수가 한 코스에 모여서 하는 경기.
- 인텐디드 라인(Intended line) - 플레이어의 샷이 시작되어 볼이 전방으로 날아가는 것을 머리속에 그리는 라인.
- 임시 그린(Temporary green) - 겨울이나 초봄 또는 그린을 수리할 때 임시로 사용하는 그린.

- 임파셔블 라이(Impossible lie) - 타격이 불가능한 곳에 놓인 볼의 위치.
- 임팩트(Impact) - 클럽 헤드가 볼을 가격하는 순간.
- 입스(Yips) - 숏 퍼팅시 손이나 손목의 근육에 영향을 주는 불안정한 컨디션.
- 잠정구(Provisional ball) - 볼이 워터 해저드 외에서 분실의 우려 또는 OB의 염려가 있을 때 플레이하는 볼로 서 반드시 잠정구를 치겠다는 의사를 밝혀야 하는데 선언하지 않으면 그 볼은 잠정구가 아니라 스트로크와 거 리의 벌을 받고 인플레이의 볼이 됨.
- 장애물(Obstruction) - 경기를 원활하게 진행하는 데 장애가 되는 코스 내의 물건 또는 인공적으로 만들어진 경기 장애요소.
- 저크(Jerk) - 타격을 하는 순간에 호흡이 불안정하여 스윙을 급하게 함으로써 올바르게 볼을 보내지 못하는 것.
- 정규 라운드(Stipulated round) - 홀의 순서에 따라 플레이를 하게 되는 라운딩으로 보통 18홀임.
- 제너럴 룰(General rule) - 골프협회가 정한 규칙.
- 지거(Jigger) - 런닝 샷용의 클럽으로 어프로치에 쓰이는 아이언.
- 챔피언 코스(Champion course) - 공식 선수권대회를 할 수 있는 정규 코스로 홀 수는 18홀이며 전장은 6,500 야드 이상으로 규정되어 있음.
- 청크(Chunk) - 볼 앞의 지면을 두텁게 치는 미스 샷.
- 초청경기(Invitation match) - 유명선수나 특정인을 초대하여 개최하는 경기.
- 치(Chee) - 나무 손잡이로 된 4, 5번 아이언에서 골퍼가 볼을 치기 위해 사용하는 클럽의 머리부분.
- 칠리딥(Chili-dip) - 그린 주변에서 클럽이 볼에 닿기 전에 땅을 많이 치는 미스 샷.
- 칩(Chip) - 비교적 낮은 탄도의 짧은 어프로치 샷.
- 칩 샷(Chip shot) - 어프로치 샷의 일종으로 극히 단거리에서 핀으로 치는 샷.
- 칩 인(Chip in) - 칩 샷으로 볼이 홀인하는 것.
- 칩 앤 런(Chip and run) - 4, 5번 아이언과 같은 짧은 로프트를 가진 클럽으로 치는 샷을 말하며 그린의 가장 자리나 러프에서 주로 사용함.
- 캐넌 샷(Canon shot) - 유럽 PGA투어에서 한 해 동안 벌어진 각종 경기에서 가장 멋진 샷을 날린 선수에게 주는 상.
- 캐디(Caddie) - 플레이어의 보조원으로 캐디의 조언은 받아도 됨.
- 캐리(Carry) - 볼의 원래 위치와 날아가서 떨어진 지점간의 거리.

- 캐리 오버(Carry over) - 규정된 홀 수에서 승부가 나지않아 연장플레이를 하는 것.
- 캐리드 오너(Carried honor) - 전 홀에서 동점이 된 경우 다음 홀에서도 이전 오너가 우선적으로 샷을 할 수 있는 권리를 가지는 것.
- 캐주얼 워터(Casual water) - 코스 내에 일시적으로 물이 고인 곳으로 벌점없이 드롭할 수 있으며 워터 해저 드와는 다름.
- 캘러웨이 핸디캡 시스템(Callaway handicap system) - 미국 라이오넬 캘러웨이라는 프로골퍼가 1957년에 고 안한 핸디캡 산출방식. 핸디캡이 통일되지 않은 사람이나 없는 사람이 참가한 경기에서 임시 핸디캡을 즉석에서 산출하는 방식.
- 커밍 인(Comming in) - 코스의 후반 9홀로 인코스와 같은 뜻.
- 커피 라이(Cuppy lie) - 컵처럼 생긴 구덩이에 들어간 볼의 위치를 말하며 보통 러프 지역의 다듬지 않은 코 스에 많고 대부분 샷하기 곤란함.
- 컨시드(Concede) - 홀 매치게임에서 볼을 원 퍼터로 넣을 수 있다고 판단하는 경우, 실제 퍼팅이 있기 전에 상황을 인정하는 것으로 스트로크 플레이에서는 허용되지 않음.
- 컨트리클럽(Country club) - 전원클럽의 뜻에서 골프 코스를 지칭하는 말로 바뀜.
- 컴팩트(Compact) - 빈틈없는 완전한 스윙.
- 컴피티션(Competition) - 경기, 사적인 경기는 프라이빗 컴피티션이라고 함.
- 컵(Cup) - 그린 위에 있는 홀.
- 컷(Cut) - 볼을 비스듬하게 끊는 듯한 타법.
- 컷 인(Cut in) - 코스의 순위를 무시하고 도중에서부터 플레이를 하는 것.
- 컷 샷(Cut shot) - 볼을 시계방향으로 회전시키는 스트로크, 왼손잡이는 시계반대방향.
- 코스(Course) - 경기가 허용되는 모든 지역을 말하며 스루더그린, 해저드, 티잉 그라운드, 퍼팅 그린 등.
- 코스 레이트(Course rate) - 기준이 되는 플레이어의 플레이를 기준으로 코스의 여러 조건을 고려하여 정한 코스의 난이도.
- 코스 레코드(Course record) - 코스가 생긴 이래 공식적으로 인정된 최저 스코어.
- 콕(Cock) - 공을 치기 위한 백 스윙에서 손목의 꺾임.
- 쿼드러플 보기(Quadruple bogey) - 파보다 4타수 많은 스코어.
- 쿼터 스윙(Quarter swing) - 백 스윙을 풀 스윙의 $\frac{1}{4}$ 정도로 하는 것.
- 쿼터 파이널(Quarter final) - 8강에서 4강진출을 놓고 겨루는 준준결승으로 세미 파이널 이라고도 함

- 크로스 벙커(Cross bunker) – 페어웨이를 옆으로 비스듬하게 끊어 만든 벙커.
- 크로스 윈드(Cross wind) – 공이 나아갈 방향의 반대편에서 불어오는 바람.
- 클럽(Club) – 골프 볼을 치기 위한 도구, 골프 코스.
- 클럽 렝스(Club length) – 클럽의 길이로 볼을 옮겨야 할 경우 그 한도를 클럽의 길이로 규정함
- 클럽 페이스(Club face) – 실제 볼을 치는 타구면으로 클럽의 종류에 따라 모양이 다양함.
- 클럽 하우스(Club house) – 골퍼가 식사, 옷 갈아입기, 목욕, 휴식 등을 하는 건물.
- 클럽 핸디캡(Club handicap) – 각 클럽에 등록된 회원의 핸디캡으로 공식인증이 되지 않은 경우도 있음.
- 클럽 헤드(Club head) – 클럽의 타구면과 바닥면을 포함한 부분.
- 클레임(Claim) – 상대방의 규정위반에 대한 항의 행위의 일체를 말함.
- 클로즈드 스탠스(Closed stance) – 왼쪽 발을 오른쪽 발보다 의도한 라인-에 가까이 두는 어드레스자세.
- 클로즈드 페이스(Closed face) – 어드레스시 의도한 라인 또는 임팩트시 클럽헤드의 운동방향 좌측으로 클럽 면을 겨냥하는 것.
- 클린(Clean) – 아이언으로 잔디나 흙 등 바닥을 건드리지 않고 볼만을 깨끗하게 쳐내는 것.
- 킥(Kick) – 볼이 그라운드에 떨어질 때 반동으로 튕겼다가 다시 제자리로 되돌아 오는 것.
- 타이(Tie) – 동점으로 경기에서 최소 타수의 사람이 2인이상 있을 때.
- 타이거 티즈(Tiger tees) – 홀로부터 가장 멀리 떨어져 있는 티로서 챔피언 티와 동일.
- 타이밍(Timing) – 스윙에서 몸동작의 연속된 움직임.
- 타이트 라인(Tight lie) – 잔디가 전혀없는 지점에 놓인 볼의 위치.
- 탑(Top) – 클럽 바닥이나 리딩 에지로 볼 중앙 윗부분을 치는 샷으로 탑핑(Topping)이라고도 함
- 탑 스윙(Top swing) – 백 스윙의 최정점이자 다운스윙의 시발점이 되는 일련의 동작.
- 탭 인(Tap in) – 매우 짧은 퍼팅.
- 터어프(Turf) – 잔디층 또는 잔디층을 치는 미스 샷을 말함.
- 턴(Turn) – 전반 9홀에서 10홀로 가기 위해 돌아나오는 것.
- 턴 오버(Turn over) – 스윙의 피니시 단계에서 클럽을 앞으로 내리고 왼쪽에서 오른쪽으로 몸을 내리는 것.
- 테이크 백(Take back) – 백 스윙을 하기 위해 클럽을 뒤로 빼는 동작.

- 테이크 어웨이(Take away) – 백 스윙의 시작부분.
- 테이크 잇(Take it) – 그린에서 원 퍼팅이 확실할 때 퍼팅을 하지않고 홀인한 것으로 인정하거나 동의하는 것.
- 템포(Tempo) – 스윙의 전반적인 페이스.
- 토우(Toe) – 클럽 헤드의 끝부분. 스탠스에 있어 선수의 발끝을 말함.
- 토크(Torque) – 샤프트가 비틀어지는 것 또는 비틀어지는 힘.
- 투 볼 포섬(Tow ball foursome) – 2인 1조가 하나의 볼로 번갈아 가며 플레이하는 경기방식.
- 투 샷터(Tow shotter) – 투온이 가능한 파4 홀의 승부처를 말하는 은어.
- 투볼(Tow-ball) – 2인 2조로 4명이 서로 편을 가르는 경기방식.
- 투어 카드(Tour card) – 이듬해 투어에 출전할 수 있는 시드.
- 투웨이 웨지(Dual-purpose wedge) – 벙커와 페어웨이에서 사용할 수 있는 페어웨이 겸용 V자형 골프클럽.
- 투클럽 윈드(Two-club wind) – 볼의 주행거리에 심각한 영향을 끼치는 시속 20마일 이상의 강풍
- 트랩(Trap) – 벙커의 미국식 속어.
- 트러블 샷(Trouble shot) – 스윙하기 어려운 장소. 샷하기 어려운 볼의 라이, 타구 방향에 장애물이 있는 등 샷하기 어려운 상황에서 행하는 샷.
- 티(Tee) – 드라이버 샷을 하기 위해 볼을 올려놓는 나무못 또는 한 홀을 시작하는 지역으로 티 박스 또는 티 그라운드라고도 함.
- 티 마크(Tee mark) – 티의 구역을 정하기 위해 전방의 양측에 놓인 2개의 표식.
- 티 샷(Tee shot) – 티에서 볼을 치는 것으로 보통 티 업하고 침.
- 티 업(Tee up) – 티 그라운드에서 티에 공을 올려놓는 행위로 보통 티 오프와 혼동되어 사용 되지만 부킹시간 의 의미로는 티 오프가 정확함.
- 티 오프(Tee off) – 첫 홀에서 볼을 처음으로 치는 것으로 플레이를 시작하는 것을 말함.
- 티 그라운드(Tee ground) – 각 홀의 제1구를 치기 위해 두 클럽 길이의 지역.
- 파(Par) – 티 그라운드를 출발하여 홀을 마치기까지의 정해진 기준 타수로 거리에 타라 파5 (롱홀), 파4(미들 홀), 파3(숏홀)로 구별됨.
- 파 브레이크(Par break) – 버디 이상의 스코어를 내는 것.
- 파이프(Pipe) – 아이언클럽의 목이나 호젤의 별칭.
- 팔로 윈드(Follow wind) – 비구방향과 동일한 방향으로 부는 바람.

- 팔로스루(Follow-through) - 볼이 클럽면을 떠난 후 이어지는 스윙동작.
- 팜 그립(Palm grip) - 야구배트를 쥐는 것과 같이 양손바닥으로 그립을 잡는 방식으로 내츄럴 그립 이라고도 함.
- 패들 그립(Paddle grip) - 평평한 퍼터를 잡기 위한 그립으로 탁구를 하듯 평평한 그린 위에서 홀을 향해 무 난한 퍼팅을 쳐내기 위해 사용.
- 패스(Pass) - 경기의 원활한 진행을 위해 앞 조가 다음 조에게 먼저 경기를 할 수 있도록 양보하는 것.
- 퍼블릭 코스(Public course) - 회원제가 아니고 일반 대중에게도 개방된 골프장.
- 퍼터(Putter) - 단거리 퍼팅 전용클럽으로 헤드모양에 따라 T, D, L형으로 부르기도 함.
- 퍼트(Putt) - 그린에서 퍼터로 볼을 홀에 넣기 위해 스트로크하는 것.
- 퍼팅 라인(Putting line) - 그린 위에서 퍼팅을 하기 위한 볼과 홀컵 사이의 라인.
- 펑스톤 룰(Funstone's rule) - 항상 다음 샷에 상대방이 홀아웃을 할 것으로 예상하고 그 결과에 동요하지 말 라는 말.
- 페널티 스트로크(Penalty stroke) - 규칙위반에 대하여 벌타를 주는 것으로 룰에 의해서 플레이어 또는 한편 의 스코어에 주어지는 타수.
- 페더(Feather) - 그린의 왼쪽을 향해 쳐낸 정교한 페이드.
- 페리아 방식(Peoria method) - 핸디캡을 경기도중 산정하는 방법으로 6홀까지 경기결과 ×3-72×0.8=핸디캡 으로 계산하는 방식.
- 페스트 그린(Fast green) - 볼의 미끄러짐이 빠른 그린으로 그린의 기울기나 잔디종류, 잔디길이에 따라 구르 는 거리가 달라짐.
- 페어웨이(Fairway) - 티 그라운드와 그린사이의 잔디가 짧게 깎인 지역.
- 페이드(Fade) - 슬라이스처럼 심하진 않지만 볼이 떨어지기 직전에 속도가 둔해지면서 오른쪽으로 휘는 볼.
- 페이드 볼(Fade ball) - 볼이 떨어지기 직전에 속도가 둔해지면서 오른쪽으로 커브하는 것.
- 페이스 그루브(Face grooves) - 볼에 스핀을 줄 수 있도록 밑바닥과 평행하게 클럽 페이스에 파놓은 홈.
- 펫(Fat) - 볼 앞의 지면을 치는 것.
- 포대그린 - 페어웨이보다 높은 곳에 위치한 그린.
- 포볼(Four-ball) - 2인 1조의 경기로 홀마다 두 선수의 성적중 좋은 성적만 집계하여 최종 점수를 환산하는 베스트 볼 방식.

- 포섬(Foresome) – 4명이 함께 경기하는 방식으로 2인 1조가 되어 한 볼을 교대로 침.
- 포어(Fore) – 타구에 앞 조의 사람들이 맞을 염려가 있을 때 주의를 주기 위해 외치는 소리.
- 포어 암 로테이션(Fore arm rotation) – 팔로스윙으로 오른쪽 팔이 왼쪽 팔 위로 뒤덮여 오는 상태.
- 포어 캐디(Fore caddie) – 목표를 확인하기 위해 전방이나 공의 행방을 추적하기 쉬운 위치에 미리 나가있는 경기 보조원.
- 포워드 스윙(Forward swing) – 탑에서 피니시로 향하는 것으로 클럽을 앞쪽으로 휘두르는 동작.
- 포워드 프레스(Forward press) – 백 스윙을 시작할 때 앞으로 기울이게 되는 팔이나 손, 안쪽 무릎이나 상체 의 전진운동.
- 포인트 토우니(Point tourney) – 파를 기준으로 버디, 이글로 갈수록 큰 폭의 가산점을 주어 같은 스코어라도 버디나 이글을 많이 한 선수에게 우세를 주는 방식.
- 포틴 클럽 룰(Fourteen club rule) – 게임에서 14개 이내의 클럽만 사용할 수 있게 한 규칙.
- 푸시(Push) – 볼을 목표보다 오른쪽으로 쳐내는 것.
- 푸시 샷(Push shot) – 스윙은 짧고 피니시는 낮고 길게 가져가 볼이 낮게 날아가도록 하는 타격 테크닉으로 역풍에 효과적.
- 푸즐(Foozle) – 서투르게 볼을 잘못치는 것.
- 풀(Pull) – 의도한 라인보다 다소 왼편 직선으로 날아가는 샷.
- 풋 액션(Foot action) – 견실한 스윙을 위해 발을 세팅하기 위한 일련의 발놀림.
- 프라이드 에그(Fried egg) – 모래에 반쯤 묻힌 볼.
- 프레스(Press) – 내기에 진 플레이어가 제안하는 것으로 남은 홀에서 애초 내기와 동등한 정도의 추가내기를 말하며 원래 내기는 그대로 유효함.
- 프로비저널 볼(Provisional ball) – 볼이 분실되었거나 OB, 워터 해저드에 들어갔는지 확실치 않을 때 플레이 어가 그 위치에서 다시 치는 볼로 룰에서는 잠정구라고 함.
- 프론트 나인(Front nine) – 18홀 라운드 중 전반 9홀.
- 프론트 티(Front tee) – 티 그라운드 중 홀과 가장 가까운 거리에 있는 것으로 보통 여성과 일반 아마추어가 티샷을 하는 곳.
- 프리퍼드 라이(Preferred lies) – 볼을 페어웨이의 더 좋은 위치에 옮길 수 있도록 한 룰.
- 프린지(Fringe) – 페어웨이보다 짧고 그린보다 긴 그린 주위의 잔디로 아프론이라고도 함.

- 플래트(Flat) - 클럽의 샤프트와 지면이 만드는 각도가 적은 것, 지면이 평탄한 것.
- 플래트 스윙(Flat swing) - 수평에 가까운 스윙.
- 플러그드 라이(Pluged lie) - 볼이 푹 패인 지점에 떨어진 라이.
- 플러스 플레이어(Plus player) - 핸디캡이 0보다 높은 경기 참가자.
- 플러피 라이(Fluffy lie) - 잔디 위에 아슬아슬하게 놓여있어 샷이 용이하지 않은 볼의 위치.
- 플럼 본(Plumb bon) - 퍼터의 샤프트를 그라운드에 수직으로 세워들고 퍼팅선을 측정하는 것.
- 플럽(Flub) - 볼을 서투르게 쳐서 몇 피트밖에 못미치는 것.
- 플레이 스루(Play through) - 앞선 그룹의 골퍼들이 뒷팀을 먼저 보내기 위해 그라운드의 한 쪽으로 비켜주는 것으로 패스와 같은 뜻.
- 플레이 오프(Play off) - 라운드가 끝난 뒤에도 승부가 나지않을 때 승부를 가리기 위한 연장전.
- 플레이선(Line of play) - 플레이어가 의도한 비구선 또는 주행선.
- 플레이스(Place) - 공을 들어 다시 제자리에 놓는 것.
- 플레인(Plane) - 스윙궤도가 그려지는 상상속의 공간.
- 플루크(Fluke) - 우연히 잘 친 스윙이나 퍼팅.
- 피니시(Finish) - 스윙의 마감자세 또는 경기를 정상적으로 끝내는 것.
- 피봇(Pivot) - 스윙을 하기 위해 테이크 백을 할 때의 허리회전, 허리틀기.
- 피스톨 그립(Pistol grip) - 권총을 잡듯이 퍼터의 윗부분을 잡는 그립방법.
- 피치(Pitch) - 로프트가 큰 클럽으로 높이 띄어서 볼이 빨리 멈추도록 하는 하이 어프로치.
- 피치 샷(Pitch shot) - 아이언으로 볼에 백 스핀을 가해 높이 쳐올려서 목표지점에 착지한 후 거의 구르지 않고 정지하도록 치는 타법.
- 피치 앤 런(Pitch and run) - 평상시보다 볼을 낮게 띄워서 더 많이 굴러가도록 의도적으로 하는 어프로치 샷.
- 피칭 웨지(Pitching wedge) - 피치 샷을 위해 고안된 웨지로 로프트가 크고 무게도 가장 무거운 것이 특징.
- 픽 앤 쇼블(Pick and shovel) - 웅덩이에 들어간 볼을 쳐내는 샷의 방법.
- 픽 업(Pick up) - 볼을 규정 이외의 상황에서 주워드는 것으로 스트로크경기에서는 플레이를 포기하는 것이 되므로 주의.
- 핀(Pin) - 홀에 꽂힌 깃대.

- 핑(Ping) – 넓은 클럽 페이스를 가져 효과적인 퍼팅을 할 수 있게 고안된 퍼터.
- 핑거 그립(Pinger grip) – 야구배트를 쥐는 것처럼 양손 손가락으로 클럽을 감아쥐는 그립.
- 하바드 매치(Harvard match) – 무승부 경기.
- 하스켈(Haskell) – 1898년 코번 하스켈이 발명한 고무심이 들어간 볼.
- 하이 사이드(High side) – 경사진 그린에서 홀보다 높은 지역.
- 하프(Half) – 상대방도 같은 스코어를 기록했을 때.
- 하프 샷(Half shot) – 백 스윙을 절반 정도만 하는 타구동작으로 거리에 따라 조정하는 샷.
- 하프 스윙(Half swing) – 풀 스윙을 반 정도의 힘을 줄여서 하는 스윙.
- 핫독 프로(Hotdog pro) – 유명한 프로선수와 경기를 하는 무명프로.
- 해브드(Halved) – 스코어가 동수인 것.
- 해저드(Hazard) – 모래 웅덩이, 연못과 같이 경기의 원활한 진행을 어렵게 만드는 코스 내의 장애물.
- 핸드 다운(Hand down) – 어드레스시 두 손으로 누르는 듯한 자세.
- 핸드 매쉬(Hand mashie) – 스윙이 아니라 손으로 볼을 쳐내는 속임수.
- 핸디캡(Handicap) – 각자 다른 기량의 골퍼들이 같은 조건에서 경기를 할 수 있도록 약한 사람의 스코어에 타수를 감하도록 하는 것으로 오피셜(Official)과 프라이비트(Private)가 있음.
- 햄 앤 에깅(Ham-and-egging) – 투볼 포섬 경기에서 한 팀의 두 파트너가 번갈아 가며 버디를 잡는 팀웍을 말함.
- 행잉 라이(Hanging lie) – 볼이 경사면에 걸려있어 플레이어의 발 위 또는 아래에 위치하고 있는 경우.
- 허슬러(Hustler) – 내기경기에서 자신의 실력을 감추고 실제보다 핸디캡을 더 많이 받는 비양심적인 골퍼.
- 헌칭(Hunching) – 퍼팅 그린 위의 볼을 표시할 때 실제의 위치보다 1~2인치 정도 홀에 가까운 곳에 옮겨 표 시하는 속임수.
- 헤드 스틸(Head still) – 스윙 때 볼을 보고 있는 머리가 움직이지 않는 것.
- 헤드 업(Head up) – 임팩트 후 볼을 보기 위해 서둘러 머리를 드는 것.
- 헤드 커버(Head cover) – 클럽의 헤드 부분이 골프백 안에서 서로 부딪혀 상하는 것을 방지하기 위해 가죽, 헝겊 등으로 만들어 헤드에 씌우는 커버.

- 호스 슈즈(Horss-shoes) - 두 경기자가 각기 두 개의 볼을 사용하여 각기 두 번의 퍼팅으로 승부를 겨루는 퍼팅게임.
- 호젤(Hosel) - 아이언의 헤드를 샤프트에 접착시키기 위한 빈 공간.
- 홀(Hole) - 그린에 만들어 놓은 구멍을 말하며 깃대가 꽂혀있으며, 18개의 단위코스를 의미하기도 함.
- 홀 매치(Hole match) - 각 홀마다 승부를 정하는 경기로 매치 플레이가 정식용어 임.
- 홀러블 디스턴스(Holable distance) - 원 퍼터로 홀인이 가능한 거리로 원 퍼터 디스턴스라고도 함.
- 홀아웃(Hole out) - 한 홀의 플레이를 마치는 것.
- 홀인원(Hole in one) - 티 그라운드에서 1타로 볼이 홀에 들어가는 것.
- 홈 코스(Home course) - 자신이 소속된 클럽의 코스.
- 홈 홀(Home hole) - 마지막으로 끝나는 홀로 통상 18홀인 경우가 많지만 10홀에서 시작한 경우는 홈 홀이 9 홀이 됨.
- 후드(Hood) - 어드레스시 목표방향으로 클럽 손잡이를 기울임으로써 클럽의 로프트를 효과적으로 줄이는 것.
- 훅(Hook) - 시계 반대방향으로 도는 볼의 회전으로 오른쪽에서 왼쪽으로 휘어지는 구질을 말함.
- 훼이드(Fade) - 볼이 떨어지기 직전에 속도가 둔해지면서 오른쪽으로 커브하는 것.
- 훼이스(Face) - 클럽의 타구면
- 휘프트(Whift) - 클럽으로 볼을 가격하지 못하고 헛손질하는 동작.
- 휘피(Whippy) - 클럽 샤프트의 휘는 정도.
- 히코리 샤프트(Hickory shaft) - 20세기 초에 널리 쓰였던 호두나무과의 단단한 나무로 만들어진 샤프트.
- 히팅 에어리어(Hitting area) - 볼을 정상적으로 타격하기 위해 맞추어야 하는 포인트로 히팅 존이라고도 함.
- 힐(Heel) - 타격 자세시 선수의 발꿈치 또는 클럽 헤드의 뒷부분을 지칭하는 말.
- 힛 잇 인 더 히트(Hit it in the heat) - 볼의 중간 윗부분을 가격하는 것.

(출처: http://blog.daum.net/smj378/10493872)

5. 골프 주기도문

이제껏 골프한 것도 주님의 은혜인데,
오늘도 골프장으로 인도하여 주심에 감사드립니다.

티샷은 70%의 힘만을 사용하는 지혜를 주시옵고,
아이언샷은 간결하게 채를 떨어뜨리는 용기를 주옵소서.

OB나 쪼루에는 쫄아 들지 않으며,
대 자연 속에서 본전도 감사하는 골퍼가 되게 하여 주소서.

실수한 나의 샷들은 요행의 길로 인도하여 주시고,
상대의 약은 샷들은 숲이나 연못으로 인도 하옵소서.

러프나 니붓에서도 똑비로 나가는 볼 내게 주시옵고,
최악의 경우에도 동반자의 실수로 이기는 행운을 주소서.

상대방의 마음이 유혹으로 가득 차게 하여 주시고,
OB로 괴로워하는 상대를 위로할 수 있는 기회를 주소서.

또한 이 기도를 너무 드러내지 않고 할 수 있도록,
나에게 내숭과 겸손함을 함께 주시옵소서.
골프를 사랑하는 주님의 이름으로 기도드립니다. "아멘"

(출처:http://www.munhwa.com/news/view.html?no=2007051601033130289001 문화일보)

6. 캐디 주기도문

 티 박스에서 연습스윙 하면서 잔디를 훼손하지 않게 해 주시옵고, 너무 시간을 끌지 않게 해 주시옵소서.

 잘 못 쳤다고 동반자 양해도 없이 멀리건을 치지 않게 해 주시옵고, 세컨드샷 장소로 갈 때 클럽을 두세개 갖고 가 그 클럽으로 치게 해 주시옵고, 공도 잘 못 치면서 디봇자국 삽질하지 않게 해 주시옵소서.

 찾기 힘든 러프로 들어갔을 때 5분간 찾지 않아도 쉽게 로스트볼 처리해 주시옵고, 그린에서는 슬리퍼 끌듯 걷지 않게 해 주시옵소서.

 앞 팀이 늦게 플레이한다고 캐디한테 성질내지 않게 해 주시옵고, 스코어 적게 적어달라고 난처하게 만들지 않게 해 주시옵고, 반말이나 희롱 섞인 말을 하지 않는 골퍼들로 구성해 주시옵소서.

7. 골프와 세금의 공통점

 1. 돈을 적게 내면 왠지 모르게 기분이 좋아진다.
 2. 아무리 생각해도 비싸다는 결론에 도달한다.
 3. 어쨌거나 줄이려고 애쓴다.
 4. 국내가 비싸다고 거점을 외국으로 많이들 옮긴다.
 5. 숫자 정할 때 엄살이 심하다.
 6. 봉급쟁이들이 봉이다.(봉급쟁이들은 주로 비싼 휴일에 나가므로)
 7. 가끔 생각만 해도 가슴이 답답할 때가 있다.

 (출처:http://www.munhwa.com/news/view.html?no=20110218010334362890020 문화일보)

8. 골퍼를 위한 기도문

1. 오늘 하루 모든 플레이어들이 이성을 잃지 않게 해주시고
2. 모든 샷이 원하는 방향으로 뻗어나가게 해주소서.
3. 천사 같은 캐디를 만나게 해주시고
4. OB나지 않게 해주시고
5. 갤러리가 많을수록 담대하게 해주소서.
6. 모든 연못은 피해가게 해주시고
7. 벙커샷한 공은 깃대에 붙게 해주시고
8. 공이 나무에 맞으면 페어웨이로 뛰어들게 하소서.
9. 가끔 카트도로를 따라 공이 멀리 나가게 해주시고
10. 롱퍼팅한 공이 컵에 떨어지게 하소서.
11. 내기에서 하루 일당을 벌려는 사람 만나지 않게 해주시고
12. 돈 잃어도 웃음을 잃지 않는 동반자를 만나게 해주소서.
13. 디봇과는 영원히 만나지 않게 해주시고
14. 어프로치는 실수를 해도 깃대로 공이 굴러가게 하소시.
15. 늘 첫 홀부터 파를 하는 행운을 주시고
16. 내리막 퍼팅에서 담대하게 해주소서.
17. 내가 나를 속이지 않게 해주시고
18. 동반자가 나를 속이지 않게 해주시고
19. 동반자가 나를 속이더라도 관대해지게 하소서.
20. 공이 나를 맞게 하지 마시고
21. 내 공이 그 누구도 맞히지 않게 하시고
22. 여름철 우중골프에 벼락 맞지 않게 하시고
23. 혹시 벼락 맞아도 죽지 않게 하소서.
24. 벙커에서 홈런 볼 쳐도 웃으면서 모래정리하게 해주시고
25. 트리플보기 후 자포자기 하지 않게 해주소서.
26. 버디한 후에 사고치지 않게 해주시고
27. 연속버디에도 교만하지 않게 해주소서.
28. 새벽 골프장 가는 길에 교통사고나지 않게 하시고

29. 필드에서는 늘 귀인들과 만나게 하소서.
30. 18홀 내내 헤드업하지 않게 하시고
31. 러프에 들어간 공은 1분 안에 찾을 수 있게 하소서.
32. 말 많은 친구들은 과묵하게 해주시고
33. 18홀 내내 말 한 마디 없는 친구는 입을 열게 해주소서.
34. 늑장 플레이 하는 친구는 번개처럼 빨라지게 해주시고
35. 늘 늦게 도착하는 친구는 한 시간 전에 도착하게 해주소서.
36. 스스로 O.K. 주는 사람 만나지 않게 해주시고
37. 터치플레이하는 사람 만나지 않게 해주시고
38. 터치플레이하는 것 보아도 심란해지지 않게 해주소서.
39. 분실물 없게 해주시고
40. 목욕탕에서 벌거벗은 채 미끄러지지 않게 해주소서.
41. 무슨 옷을 입어도 품위를 잃지 않게 해주시고
42. 스코어가 망가져도 슬퍼하거나 노하지 않게 하소서.
43. 부부동반 라운드에서 아내가 끝까지 웃게 해주시고
44. 아내가 미스 샷을 하더라도 남편이 레슨 질 하지 않게 하소서.
45. 최악의 상황에서도 남의 탓을 하지 않게 해주시고
46. 선배로부터는 경험과 지혜를 후배로 부터는 패기와 창의를 배울 수 있게 하소서.
47. 동반자가 잘 되어서 축하라운드 자주하게 하시고
48. 주말에 필드에 나가더라도 아내가 너그러운 마음 갖게 하소서.
49. 골프장의 나무와 바위, 꽃과 잔디를 사랑하게 하시고
50. 골프를 할 수 있다는 것만으로도 늘 감사하는 마음을 갖게 해주소서

(출처:http://news.naver.com/main/read.nhn?mode=LSD&mid=sec&sid1=114&oid=262&aid=0000002199 네이버뉴스)

9. 長考(장고) 끝에 惡手(악수)

金容元(김용원)의 골프산책

「長考(장고) 끝에 惡手(악수)」라는 바둑名言(명언)이 있다. 오랫동안 골똘히 생각을 거듭했으나 오래 생각한 만큼 좋은 결과가 나오지 않고 오히려 잘못될 때가 많다는 말이다. 바둑뿐 아니라 인생사에도 인용되기도 하는데 이것이 골프에도 적용된다.

필드에서 보면 플레이를 할 때 유난히 시간을 오래 끄는 사람이 있다. 그린에서 이리재고 저리재고 왔다 갔다 하다가 그것도 부족해서 캐디에게 라인을 묻는다. 어느 쪽이 높으냐, 왼쪽이냐 오른쪽이냐. 어떤 때는 캐디도 대답을 잘 못 한다. 이럴 때 짓궂은 사람은 『양쪽이 다 높다고 그래라』 하는 농담을 하기도 한다. 그런데 그렇게 따지고 치는 사람일수록 결과가 신통치 않아 失笑(실소)한다.

어드레스를 하고는 한참 기도를 드리는 사람이 있다. 이때나 저때나 하고 기다리다 봐도 그대로다. 미동도 하지 않는다. 성질 급한 사람이 『주기도문을 외우나』 하면 옆에서 『아냐, 반야심경을 외고 있어』 하고 주고받는다. 시간적으로는 얼마 되지 않는다 층층에서는 엘리베이터를 기다리듯 지루하게 느껴진다. 다른 사람이 어드레스하고 치는 것을 아예 보지 말라고 권하는 프로가 있을 정도다. 문제는 이렇게 벼르고 별러서 치는 샷이 멋지게 뻗어나가면 누가 뭐라 하겠는가.

고스톱이나 마작게임을 보면 잘하는 사람들은 빠르다. 보는 순간의 판단력, 결단력에 놀란다. 반면에 잘 못치는 사람일수록 꾸물거린다. 템포도 늦고 감도 둔해서 답답해 보이고, 같이 치는 사람의 기분만 깨는 듯하다.

프로골퍼들의 플레이는 신속하다. 걸음걸이도 빠른 편이지만 어드레스하고 스윙을 시작할 때까지의 시간이 대단히 빠르다. 프로들이 빨리 치는 것은 心理學的(심리학적)으로 두 가지 의미가 있다고 한다.

어드레스에 들어가기 전에 거리 방향 風向(풍향) 잔디상태 등을 보고 그것을 종합하여 스윙 이미지를 만들게 된다. 이 이미지대로 동작에 들어간다. 이때 문제가 되는 것은 한번 만들어진 스윙이미지가 선명하게 머릿속에 유지되는 시간이 얼마만큼 이냐는 것이다. 미국의 실험심리학 잡지에 발표된 연구결과는 그 이미지가 12초 지속될 뿐이라고 한다. 필드에서 조금만 지체해도 12초가 지나가 버린다. 이미지가 사라져가는 상태에서 치게 되면 아무리 해도 뜻한 대로의 샷이 될 수가 없다. 신중한 것이 좋다고는 하나 그것은 스윙 이미지를 만드는 과정에서의 일이다. 일단 결정하고 나면 과감하게 단행해야 한다는 말이다.

다음은 잡념이 들어오기 전에 스윙하라는 포인트다. 어드레스를 하는 순간 갑자기 쓸데없는 생각을 하게 될 때가 있다.「그린 뒤에 벙커가 있지」「앞바람인줄 알았더니 옆바람 같기도 하고」「7번이면 크지 않을까」「손목에 힘이 들어가던데…」등등이다. 이런 잡념을 스윙의 간섭작용이라고 표현한다. 간섭작용을 막기 위해서도 한번 마음먹었으면 처음 이미지를 따라 빨리치는 것이 상책으로 되어 있다.「長考(장고) 끝에 惡手(악수)」가 되는 실수에는 변명할 여지가 없다.

골프와 바둑은 전혀 성격이 다른 게임이다. 그러나 이상하게도 연상 작용을 일으켜 이따금 바둑名言(명언)들이 생각날 때가 있다.

10. 골프란?...

골프가 뭘까요?
가만히 생각해 보니 정말 기도 안 차는 것이다.

운동 같지도 않은 것이 하고나면 즐겁기를 하나....
친구 간에 우정이 돈독해 지기를 하나...
열은 열대로 받고...
시간은 시간대로 날아가고....
돈은 돈대로 들고 하니 말이다......

어디 그 뿐이랴.....

공 한 개 값이면 자장면 곱빼기가 한 그릇인데...
물에 빠뜨려도 의연한 체 허허 웃어야지.......
인상 쓰면 인간성 의심받기 마련이니까..

자장면 한 그릇을 물에 쏟아놓고 웃어봐라
아마 미친놈이라고 할 것이다.

그리고 원수같은 골프채는 무슨 금딱지를 붙여 놨는지
우라지게 비싸지.
드라이브랍시고 작대기 하나가 43"평면칼라 TV값과 맞먹고
비밀병기랍시고 몇 십 만원짜리를 좋다고 사놓으면 내일이면 구형이라고 새것으로 사야지, 풀밭 좀 걸었다고 드는 돈이 쌀 한가마니에 그나마 한번 치려면 실력자나 명사를 동원해야 부킹이 되니 말이다.

군을 제대한지가 언제인데 툭하면 산등성이에서 각개전투, 물만 보면 피해 다녀야 하고 공이 갈만한 자리는 무슨 심술로 모래웅덩이를 파놓고, 홀은 꼭 처녀 엉덩이 꼭대기 같은데다 콧구멍 만하게 뚫어놓고......

- 잘 치면 일 안하고 공 만 쳤다고 욕먹고
- 잘 못 치면 운동신경이 없다고 욕먹고,
- 퍼팅이 쏙 들어가면 돈독 올랐다고 욕먹고,
- 길면 쓸데없이 힘 쓴다고 욕먹고,
- 짧으면 소신 없다고 욕먹고,
- 돈 몇 푼 따면 곱빼기로 밥 사야하고,
- 돈 잃으면 밥 안 사주나 눈치봐야하니 어떻게 하는 것이 잘하는 것인지 답답하기만 하네
- 안 맞아서 채라도 한번 집어던지면 상종 못할 인간으로 찍히고
- 신중하게 치면 늑장 플레이어라고 욕먹고
- 빨리 치면 촐삭 댄다고 욕먹고
- 화려하게 옷 입으면 날라리냐고 욕먹고
- 점잖게 입으면 초상집 왔냐고 욕먹고
- 인물 좋으면서 잘 치면 제비 같은 놈이라고 욕먹고
- 인물 나쁘면서 잘 치면 그거라도 잘 해야지 하며 비아냥거리고
- 인물이 나쁘면서 공도 못 치면 뭐하나 제대로 하는 게 없다고 욕먹는다.
- 농담하면 까분다고 욕먹고
- 진지하면 열 받았냐며 욕먹고
- 도우미 언니하고 농담하면 시시덕 댄다고 욕먹고
- 농담하지 않으면 분위기 망친다고 욕 먹는다
- 싱글하면 사업하는 놈이 공 만 친다고 욕먹고
- 싱글 못하면 그 머리로 무슨 사업 하냐고 욕먹는다.

그래도 골프가자고 부르면 좋다고 간다...ㅎㅎㅎ

(출처:http://cafe.naver.com/pgma/2081 PGMA.)

골프, 이렇게 시작한다.

2017년 2월 10일 인쇄
2017년 2월 15일 발행
지은이 | 김 정 하
펴낸곳 | 레인보우북스
주　소 | 서울 관악구 신림로 75 레인보우 B/D
전　화 | 02-2032-8800
팩　스 | 02-871-0935
이메일 | min8728151@rainbowbook.co.kr

값 18,000원
ISBN 978-89-6206-380-6　93690
* 본서의 무단복제를 금하며, 잘못된 책은 구입한 곳에서 교환해 드립니다.